Eduard Sievers

Die Murbacher Hymnen

Eduard Sievers

Die Murbacher Hymnen

ISBN/EAN: 9783744612678

Hergestellt in Europa, USA, Kanada, Australien, Japan

Cover: Foto ©ninafisch / pixelio.de

Weitere Bücher finden Sie auf **www.hansebooks.com**

DIE MURBACHER HYMNEN.

NACH DER HANDSCHRIFT HERAUSGEGEBEN

VON

EDUARD SIEVERS.

MIT ZWEI LITHOGRAPHISCHEN FACSIMILES.

HALLE,
VERLAG DER BUCHHANDLUNG DES WAISENHAUSES.
1874.

Vorwort.

Ausser dem was in der einleitung dargelegt worden ist, habe ich wenig über diese neue ausgabe der Murbacher hymnen zu bemerken. Die durch die benutzung des originales gewonnene ausbeute ist nicht unbeträchtlich. Eine menge falscher lesarten ist berichtigt worden und ebenso eine reihe von ergänzungen des Franz Junius ausgeschieden, die aus dessen abschrift in J. Grimm's ausgabe als teile des originales übergegangen waren. Derartige ergänzungen sind im texte in [—] gesetzt; da über sie meist keinerlei zweifel herrschen konnte, so ist nicht ausdrücklich angegeben, wo ich mit Junius übereinstimme oder von ihm abweiche. Sie betreffen übrigens hauptsächlich nur solche fälle, wo das deutsche wort nur durch eine endung oder dergleichen angedeutet war. Hier genügte die einfache bezeichnung der lücken im texte. Bei unabsichtlichen auslassungen einzelner buchstaben ist dagegen die lesart der handschrift auch noch ausdrücklich in den varianten aufgeführt. Abkürzungen sind mit cursivschrift aufgelöst. Im deutschen index ist alles cursiv gesetzt, was nicht in der handschrift ausgeschrieben dasteht, d. h. also sowol ergänzungen als auflösungen von abkürzungen. Ueber correcturen, die übrigens alle von erster hand herrühren, u. dgl. ist in den anmerkungen unter dem texte das nötige beigebracht. Wo in einem in den letzteren besprochenen textworte cursive buchstaben sich finden, beziehen sich die betreffenden angaben allemal nur auf diese, nicht auf das ganze wort.

Nach J. Grimm's vorgange habe ich den deutschen text der klareren übersicht wegen vom lateinischen getrennt; auch habe ich mich, vielleicht all zu ängstlich, an seine zählung gehalten und daher den in wirklichkeit sechsundzwanzigsten hymnus mit XXV* bezeichnet. Die grammatische einleitung und die indices werden den lesern der hymnen hoffentlich nicht unwillkommene beigaben sein, ebenso wie die beiden facsimiles, welche wol zur veranschaulichung der einrichtung der handschrift dienen können; die charakteristische schönheit der schrift hat freilich durch die doppelte übertragung, durch meine in derartigen arbeiten wenig geübte hand und durch den lithographen, manches einbüssen müssen.

Jena, 16. october 1873.

Eduard Sievers.

Inhalt.

		Seite
I.	**Einleitung**	1—26
	1. Handschrift und ausgaben	1
	2. Lautlehre	11
	A. Vocale	11
	B. Consonanten	13
	1. Dentale	13
	2. Labiale	15
	3. Gutturale	16
	4. Nasale	19
	5. Die alten spiranten	20
	3. Flexion	22
	A. Substantiva	22
	B. Adjectiva und participia	24
	C. Verba	25
II.	**Hymnen**	27—58
	Ad cenam agni providi XXI	49
	Aeterna Christi munera XXII	50
	Aeterne lucis conditor IV	34
	Aeterne rerum conditor XXV	55
	Aurora lucis rutilat XIX	46
	Certum tenentes ordinem XI	41
	Christe qui lux es et die XVI . , ...	44
	Christe [rex] celi domine VII	37
	Dei fide qua uiuimus X	41
	Deus aeterne luminis VI	36
	Deus qui caeli lumen es II	31
	Deus qui certis legibus XV	43
	Deus qui claro lumine XIV	43

		Seite
Dicamus laudes domino XII		42
Diei luce reddita VIII		38
Fulgentis auctor aetheris V		35
Hic est dies uerus dei XX		48
Mediae noctis tempore I		29
Meridie orandum est XVII		45
Perfectum trinum numerum XIII		42
Postmatutinis laudibus IX		40
Rex aeterne domine XXIV		52
Sic ter quaternis trahitur XVIII		46
Splendor paternae gloriae III		33
Te decet laus XXV[a]		56
Te deum laudamus XXVI		56
Tempus noctis surgentibus XXIII		52

III. **Indices** . . . . 59—106

1. Deutsch-lateinischer index 61
2. Lateinisch-deutscher index 95

Einleitung.

Die originalhandschrift der alten interlinearversion der 26 oder vielmehr 27 lateinischen hymnen, die zuerst im jahre 1830 durch Jacob Grimm herausgegeben wurden und die jetzt zum ersten male vollständig aus der handschrift unmittelbar publiciert werden, befindet sich als no. 25 der handschriften des Franz Junius in der Bodleiana zu Oxford. Sie enthält im ganzen 193 blätter in gross octav und besteht aus verschiedenen nicht gleichzeitigen und erst durch den buchbinder vereinigten stücken, deren keines aber jünger als aus dem IX. jahrhundert zu sein scheint. Der jetzige braune ledereinband scheint aus der zeit zu stammen, wo die handschrift noch in Junius' besitz war; wenigstens findet sich derselbe einband, den ich sonst nicht als bibliothekseinband in der Bodleiana getroffen habe, noch bei mehreren andern der Junius'schen handschriften wieder. Der inhalt der hs. ist folgender:

I. bl. 1, vorgebunden, enthält lateinische hymnen mit neumierung, XII. jahrh.

II. bl. 2ª — 59ᵇ die kosmographie des Aethicus auf sehr starkem weissem pergament von zwei abwechselnden händen zu ende des VIII. jahrhunderts sehr schön und sorgfältig geschrieben (noch unbenutzt).

III. bl. 60ᵇ — 86ª Alcuins rhetorik, Isidors epistola ad Massonem episcopum und Alcuins dialektik, auf dünnem unschönem pergament, IX. jahrh. Von jüngerer hand sind auf der ursprünglich freigelassenen vorderseite von bl. 60 verschiedene griechisch-lateinische und bloss lateinische glossen aufgezeichnet. Eine andre hand hat bl. 86ᵃᵇ die epistola Hieronymi ad Dardanum de generibus musicorum eingetragen.

IV. bl. 87ᵇ — 107ᵇ das glossar Jun. B, auf starkem pergament, zweispaltig, mit vorzüglich schwarzer tinte von zwei schreibern im anfang des IX. jahrh. geschrieben. Eine dritte nicht viel jüngere hand hat nachträglich verschiedene glossen zu Gregors dialogen hinzugefügt. Diess stück besteht aus 2 quaternionen, in deren erstem bl. 5, einen teil der mit C beginnenden glossen enthaltend, fehlt; dann folgen 2 einzelne und 2 doppelblätter. Auf bl. 87ᵃ ist von einer hand des X. jahrh. ein lateinischer hymnus eingetragen.

V. bl. 108—115 ein quaternio desselben pergaments, nur etwa $^1/_2$ zoll breiter; bl. 108ᵃ—111ᵇ Expositio in fide catholica nach dem Symbolum Athanasianum, anfang 'Quicunque vult ... Fides dicitur credulitas' usw. Bl. 112ᵃ—114ᵃ von andrer hand 'Incipit fides catholica Hieronimi'; bl. 114ᵇ von derselben hand 'Expositio super oratione domini', anfang 'Pater noster ... haec uox libertatis est. Patrem inuocamus' usw.; bl. 115 von derselben hand eine zweite erklärung des paternosters ohne überschrift, anfang 'Pater noster ... Patrem dicendo filios confitemur' usw.

VI. bl. 116—121 sechs blätter desselben pergaments, enthaltend von gleichzeitiger hand die hymnen XXII—XXVI und das glossar Jun. C, letzteres vierspaltig, das deutsche über dem lateinischen wie bei den hymnen. In der mitte der lage fehlt ein doppelblatt, daher die grosse lücke des glossars zwischen D und M.

VII. bl. 122—129 ein quaternio desselben pergaments, darauf von bl. 122ᵇ—129ᵇ die hymnen I—XXI von einer etwas altertümlicher aussehenden hand, mindestens ebenfalls aus dem anfang des IX. jahrh. Am schlusse scheint nichts zu fehlen, obgleich hymnus XXI genau mit der seite abschliesst, und diese letzte seite ziemlich arg beschmutzt und befleckt ist, was darauf schliessen lässt, dass sie einst den schluss eines bandes oder heftes bildete. Jedesfalls aber war diese lage ursprünglich zum anfange eines bandes bestimmt, denn die erste seite war wie so oft zum schutze leer gelassen. Aber sehr frühe sind die stücke VI und VII und zwar in ihrer jetzigen reihenfolge vereinigt worden, denn dieselbe hand, welche das stück VI schrieb, hat auf dieser freigelassenen ersten seite des stückes VII, und als dort der raum zu ende gieng rückgreifend auf den rändern der schon beschriebenen rückseite von bl. 121, des letzten des stückes VI, die glossen zur Benedictinerregel eingetragen, die alphabetisch umgeordnet als Appendix glossarii C bei Nyerup aufgeführt sind.

VIII. bl. 130—133, vier blätter dünnes, unschönes pergament mit verschiedenen grammaticalischen excerpten; anfang 'Uidentur uerba et forme gerendi perfecto in passiuum uersa per qualitatem' usw. Der grösste teil von bl. 133ᵃ und ganz 133ᵇ sind leer.

IX. bl. 134—151 der anfang von Isidors etymologien, auf der zweiten zeile von bl. 151ᵇ mit den worten 'eadem lectori' (Isid. etym. II, 2) abbrechend; die drei letzten blätter von andrer hand auf andrem pergament.

X. bl. 152—157, sechs blätter wieder andern pergamentes und von andrer hand beschrieben mit auszügen aus Donat; anfang 'De octo partibus. Donatus dicit. Partes orationis sunt VIII' usw. Auf bl. 157ᵇ noch 20 hexameter 'Incipiunt uersus de Christo', zweispaltig, und einige in fortlaufenden zeilen geschriebene, nicht ganz lesbare hexameter 'De dodagrico'.

XI. bl. 158—193, bestehend aus 1 quaternio, 1 doppelblatt zweimal 2 doppelblättern, 1 ternio, 1 quaternio und 2 doppelblättern aber verbunden; sehr starkes pergament, alles von éiner hand aus dem anfang des IX. jahrh., zweispaltig, die tinte etwas blasser. Dieses stück enthält zunächst auf bl. 158ᵃ—183ᵇ das glossar Jun. A; dann folgt noch bl. 183ᵇ De nominibus qui quodam presagio nomina acceperunt; bl. 184ᵃ De patriarchis, De prophetis, De apostolis; bl. 184ᵇ De martyribus; bl. 185ᵃ De clericis; bl. 187ᵇ De monachis; bl. 189ᵃ De oratione dominica, anfang 'Dominus et saluator noster discipulis suis petentibus quemadmodum orare deberent' usw.; bl. 190ᵃ Item de oratione eadem, anfang 'Pater noster ... Ut filius esse merearis ecclesiae. Caelum est ubi culpa cessauit' usw.; bl. 191ᵃ ohne überschrift eine abermalige paternosterauslegung, anfang 'Pater noster ... Patrem inuocamus deum in caelis quia nos omnes ab uno deo omnipotente creati sumus' usw.; endlich bl. 192ᵃ Expositio de fide catholica, anfang 'Auscultate expositionem de fide catholica, quam si quis igne non habuerit regnum dei non possidebit' usw.

Ueber die entstehung und die geschichte unsrer handschrift lässt sich nicht viel ermitteln. Um die mitte des XV. jahrh. befand sich die hs. in dem im jahre 726 durch den heiligen Pirmin von Reichenau aus gestifteten kloster Murbach im südlichen Elsass.[1] Diess ergibt sich aus den auf bl. 103[b] zu schluss des buchstaben R des glossars Jun. B eingeschriebenen worten 'Legentes ı hoc Libro orēt ˏp Reuerēdo dnō bartholomeo de Andolo cui' ῑdustria pene dilapss' renouat' est Anno M CCCC LXI', die zugleich wol die vermutung erlauben, dass die hs. schon damals ihre jetzige zusammensetzung hatte. Ob aber die hs. in Murbach selbst geschrieben oder ob sie anderswoher, etwa von Reichenau, dahin übergeführt worden ist, das wird sich schwerlich je entscheiden lassen. Auf Reichenau aber als entstehungsort der hymnen sowol wie der verschiedenen glossensammlungen weisen deutliche spuren hin. Denn abgesehen davon, dass Reichenau wie bekannt überhaupt eine sehr reiche glossenliteratur entwickelt hat, ist namentlich von A. Holtzmann (Germ. XI, 30 f.) speciell darauf hingewiesen, dass die glossare Jun. A und B in älteren Reichenauer hss. ihre 'vorlage' haben. Und andrerseits ist längst mit recht erkannt worden, dass die 'carmina theodisca' des bekannten Reichenauer handschriftenverzeichnisses[2] nicht wol etwas andres sein können als abschriften eben unsrer hymnen oder doch mindestens ähnlicher arbeiten.

Die zeit der anfertigung der interlinearversion der hymnen lässt sich ebenwol nicht genau bestimmen. Wir wissen nur aus dem eben genannten verzeichnis (Neugart p. 539), dass schon im jahre 821 'carmina theodisce' vorhanden waren; und in den anfang des IX. jahrh. verweisen unsre Murbacher abschrift sowohl der charakter der schriftzüge als sprachliche gründe (vgl. namentlich das unten über das *m* der flexion gesagte und Müllenhoff, Denkmäler[2] p. XV). Deswegen aber

---

1) Rettberg, Kirchengesch. Deutschl. II, 88 f.
2) Neugart, Episc. Constant. p. 539: De carminibus Theodiscae uol. 1; p. 550: In xxi. libello continentur xii carmina Theodiscae linguae formata. In xxii. libello habentur ... carmina diuersa ad docendum Theodiscam linguam. Nach Pertz Archiv VII, 1018 werden die carmina theodiscae auch in einem zu Genf vorhandenen Murbacher verzeichnis aufgeführt, das aber nach Archiv VIII, 257 wol nur eine copie des Reichenauer catalogs ist (doch vgl. Holtzmann Germ. I, 473). Ich bin vergeblich bemüht gewesen mir genauere auskunft über diess fragliche verzeichnis zu verschaffen. Nach einer brieflichen mitteilung des oberbibliothekars herrn Gas in Genf entspricht die im archiv gegebne signatur des vergeblich gesuchten manuscripts gar nicht der gewöhnlichen bezeichnungsweise des (übrigens unvollständigen) handschriftencatalogs. Möglich wäre dass eine verwechselung mit einer andern bibliothek vorliegt.

kann die übersetzungstätigkeit selbst in eine bei weitem frühere zeit fallen; und es wäre verkehrt die Murbacher hs. etwa als directe abschrift jenes vor 821 vorhandenen exemplars der 'carmina theodisce' zu betrachten, vorausgesetzt dass diese eben wirklich ein exemplar unserer hymnenübersetzung waren; und ebenso ungerechtfertigt wäre es, ohne weiteres in diesem exemplar gar die originalniederschrift jener übersetzung zu suchen. Denn ich finde überhaupt dass man — und noch bis auf die neueste zeit — viel zu sehr geneigt gewesen ist, in den uns gerade überlieferten, sei es einzigen oder doch ältesten hss. altdeutscher denkmäler originalniederschriften zu vermuten und andererseits zwischen den im besten falle erhaltenen zwei oder drei abschriften eines stückes directe beziehungen aufzusuchen; eine neigung, die nicht nur ein falsches bild von der ausdehnung der gelehrten tätigkeit jener zeiten gibt, sondern namentlich auch zu unrichtigen auffassungen der chronologischen verhältnisse geführt hat.

Ich will hier kurz zwei derartige naheliegende und schlagende beispiele anführen; obschon sie nicht eigentlich hierher gehören, so werden sie doch auch für die beurteilung unserer hymnenübersetzung nicht unwichtig sein.

Holtzmann hat in der Germania XI, 68 die behauptung aufgestellt, dass die allerdings, wie mir autopsie bestätigt hat, noch in das VIII. jahrhundert fallende Reichenauer niederschrift des glossars Rb. im cod. Reich. 99 'von der hand des verfassers geschrieben' sei, was sich aus allerhand kleinigkeiten ergeben soll. Unter dem verfasser, d. h. demjenigen, der sich die lateinischen worte aus einem texte auszog (die deutsche glossierung rührt bekanntlich von einer andern hand her) wird dann einer der ersten äbte von Reichenau vermutet, da nur 'jemand, der viel pergament verschwenden konnte', mit so 'ungewöhnlicher raumverschwendung' habe schreiben können. Dabei hat aber Holtzmann gänzlich übersehen, dass erstens der lateinische text nicht von einer, sondern von drei händen herrührt, und zweitens, was viel wichtiger ist, dass der deutsche glossator im lateinischen text eine reihe von zusätzen gemacht hat, die sich in den betreffenden texten finden und die er also aus einer vorlage abgeschrieben haben muss; von ihm rühren z. b. folgende (hier in klammern gesetzte) bedeutendere zusätze her: *quem ab status (sui)* Diut. I, 503ᵃ; *quinariós (numerós)* 505ᵇ;

(*in*) *dinarium* ib.; *in secretiori parte* (*natium*) 506ª; *ex accidenti* (*dono*) 515ᵇ; die überschrift *in regum* 521ᵇ; (*si*) *contuderis* 524ᵇ; (*in domo*) *hiemali* 532ᵇ usw. Es ist also die Reichenauer hs. nicht originalniederschrift, und damit fällt wieder die möglichkeit, die entstehungszeit des glossars genauer zu fixieren.

Der zweite fall betrifft das verhältnis des glossars Jun. B. zu den von Holtzmann in der Germania XI, 30 ff. herausgegebenen und besprochenen Reichenauer glossen Rd und Re. Holtzmann folgert s. 31 aus dem genauen zusammenstimmen beider niederschriften, dass deutlich der Murbacher text unmittelbare abschrift des Reichenauers sei, indem der Murbacher schreiber nach jedem buchstaben von Rd denselben buchstaben aus Re eingetragen habe. Diese annahme hält Holtzmann fest, obschon er selbst bemerkt, dass Jun. B bisweilen bessere lesarten hat als R d e. Ferner wird s. 30 aus verschiedenen gründen behauptet, dass das Reichenauer glossar 'keine abschrift ist, sondern die erste schrift desjenigen, der die glossen eines älteren biblischen glossars nach den buchstaben zu ordnen suchte'. — Beide annahmen sind nicht richtig. Zwar hat Holtzmann im allgemeinen mit recht vermutet, dass die hie und da sich zeigende andre ordnung der glossen bei Jun. dem herausgeber zufalle. In der tat lassen sich fast alle diese abweichungen auf die copie des Franz Junius zurückführen; sie sind aber im ganzen nur unbedeutend, mit éiner ausnahme, der glossen 989—1018 bei Holtzmann, d. h. des buchstaben P des glossars Re. Während sonst gelegentlich einmal eine oder auch mehrere glossen versetzt sind, ist diess stück in auffälligster weise durcheinander gewürfelt. Sobald man aber etwas näher zusicht, erklärt sich diess rätsel sehr leicht und einfach. Die Reichenauer hs. von Re (einspaltig) ist nicht original; dieses war vielmehr dreispaltig geschrieben in folgender weise:

parsimonia	placitum	
presumens	profugus	passim
punirent	precipitium	pactio
pignus predia	palmis	procax
patronos	palpitat	
preditus	priuilegia	proceres
perpetrat	presagum	
prouoctus	pernicies	

presto est   peruicax   pertinax
principantur   pepigit
palmam   preuius   propagatum
                    poplites

Der Reichenauer schreiber las die einzelnen columnen von oben nach unten, der Murbacher schrieb zeilenweise von links nach rechts ab. Die lücken in der dritten columne dürfen nicht irren; ganz ähnlich ist z. b. der Appendix glossarii C im Murbacher codex geschrieben. Die glossen Jun. B. sind also nicht direkt aus Rd und Re abgeschrieben, sondern haben neben ihnen selbständigen wert. Ferner ist also wenigstens Re nicht originalniederschrift, und danach wird man wol berechtigt sein auch das von derselben hand geschriebene glossar Rd für eine blosse copie zu halten. Erwiesen wird diess, was ich hier nicht weiter ausführen kann, zum überfluss durch eine genauere vergleichung mit dem glossar Jun. B (es tritt z. b. nicht selten der fall ein, dass beide glossare eine falsche lesung ihrer vorlage erst herübernehmen, dann aber diese mit erster hand, aber in verschiedener weise corrigieren).

Doch ich kehre zur spätern geschichte der Murbacher hs. zurück. Von Murbach aus gelangte sie in den besitz des Marcus Zuerius Boxhorn, der auch auf der ersten seite der hs. seinen namen eingetragen hat. Dieser veröffentlichte im jahre 1652 in seiner Historia universalis s. 451 ff. das glossar Jun. A alphabetisch geordnet und einen teil von Jun. B. Hiernach sind dieselben stücke, aber diessmal nach den deutschen worten alphabetisch geordnet, in Schilter's Thesaurus III, 903—907 wiederholt worden. Nach Boxhorn besass Isaac Vossius die handschrift, und damals schrieb Franz Junius sich aus ihr die glossen und hymnen ab.[1] Zahlreiche citate sind aus diesen abschriften in Junius' schriften, namentlich sein gotisches glossar und seinen commentar zum Willeram übergegangen.[2] Beide befinden sich noch unter

---

1) Franc. Junii Glossarium Gothicum, Dordrecht 1665 (neue titelausg. Amstelaedami 1684) praef. vorletzte und letzte seite: gl. A. nunc primùm ex bibliothecâ propinqui mei Vossii prodit. gl. B. similiter ex·eadem bibliothecâ in lucem protrahitur. gl. C cum appendice eiusdem bibliothecæ exigua pars est. Hymni aliquot Francicè interlineati. Hos ... descripsimus ex membranis Vossianis.

2) Vgl. anm. 1; F. Junii Observationes in Willerami abbatis francicam paraphrasin cantici canticorum. Amstelodami 1655.

Junius' nachlass in der Bodleiana, die hymnen als no. 74, die glossen als no. 117. Eine zweite abschrift der hymnen, die im verzeichnis der Junius'schen hss. (in Tanner's Catalogus librorum Mss. Angliae et Hiberniae, Oxonii 1697, I, 249 ff.) unter no. 110 fälschlich als 'in lingua frisica' (statt 'francica') bezeichnet sind, ist vor langer zeit bereits 'gestohlen als Dr. Owen bibliothecar war'. — Späterhin scheint Isaac Vossius die originalhandschrift nebst mehreren andern gleichfalls deutschen hss. (z. b. Jun. 83, das glossar D enthaltend) an Junius geschenkt zu haben. Diess wird zwar, soviel ich sehe, nirgends ausdrücklich bemerkt, doch hätten die hss. kaum auf eine andere weise aus Vossius' bibliothek entfernt werden können, dessen sonstiger literarischer nachlass ja bekanntlich sich in Leyden befindet.

Nach Junius' tode (19. nov. 1677) wanderte auch der Murbacher codex mit in die Bodleiana, wo er sich noch jetzt befindet. Der oben angeführte Tanner'sche catalog gibt auf s. 251ᵃ zum ersten mal ein ausführliches inhaltsverzeichnis der ganzen handschrift. Genauer verzeichnete dann Wanley im Librorum veterum septentrionalium qui in Angliae bibliothecis extant Catalogus, Oxonii 1705, 322 f. die deutschen stücke der hs., mit aufführungen der hymnenanfänge und mitteilung einiger glossen. Schon hier ist richtig der hymnus XXVᵃ als selbständiger hymnus aufgeführt. Der erste abdruck einiger vollständigen hymnen findet sich in Georg Hickes' Grammatica franco-theotisca, Oxonii 1703; es sind no. I, s. 110 f., IV, s. 111, V, s. 100, XXVI, s. 64 f. Von diesen sind dann durch J. G. Eccard in der Francia orientalis, Wirceburgi 1729, II, 948 ff. die drei ersten wiederholt worden;[1] der XXVI. hymnus soll

---

[1] Dass Eccard dem Hickes nachgedruckt hat, zeigt die völlige übereinstimmung in allen lesefehlern usw., obschon Eccard tut als habe er die hymnen direct aus der hs. entnommen (was auch J. Grimm anfangs getäuscht hatte, s. gramm. 1¹, LIII). Sonderbarer weise scheint aber Eccard gar nicht einmal selbst den abdruck bei Hickes angesehen zu haben; denn ihm fehlt im hymnus I die 6. strophe des lateinischen textes, und er setzt dazu die anmerkung 'Librarius negligentia Stropham latinam sequentem huic Francicae versioni apposuerat in codice Msto, atque ita omissa illa Stropha, quae Francice interpretata est, sequentem duplicaverat. Cum itaque nobis iam Hymnus hic latinus non sit ad manus vacuum spatium relinquere malumus quam nostram interpretationem addere'. Ein solches überspringen einer strophe war aber nur möglich, wenn, wie es bei Hickes der fall ist, deutsch und lateinisch neben einander in getrennten columnen gedruckt waren, nicht aber bei der zwischenzeiligen glossierung der hs. selbst.

von demselben nach einer angabe J. Grimms (Hymn. 4 anm.) besonders, Helmstädt 1713 (oder 1714 nach gramm. I¹, LIII) herausgegeben sein; ich habe aber diesen abdruck nirgends zu gesicht bekommen können. Schon vorher aber hatte sich im jahre 1694 Joh. Frid. Rostgaard eine vollständige abschrift der Junius'schen glossencopie (ms. Jun. 117) angefertigt, die nachher in die königliche bibliothek zu Kopenhagen übergieng. Nach einer abermaligen copie der Rostgaard'schen abschrift wurden dann endlich die glossen in den durch Nyerup besorgten Symbolae ad Literaturam Teutonicam antiquiorem, Havniae 1787 gedruckt, in einer weise freilich, die den heutigen ansprüchen in keiner weise mehr genügt.

Länger dauerte es, bis die hymnen vollständig veröffentlicht wurden. Dazu hat wol wesentlich der umstand beigetragen, dass die hs. selbst lange für verschollen galt. In der ersten ausgabe der grammatik I, LIII kennt J. Grimm trotz Tanner's und Wanley's catalog nur Junius' copie der hymnen, und in der zweiten auflage (1822) I, XVI bedauert er ausdrücklich den verlust der pergamenths. und der Junius'schen copie, die laut eingezogener erkundigungen schon vor 60 jahren gestohlen sein solle. Offenbar bezieht sich die letztere notiz auf die hs. Jun. 110, vgl. oben s. 8. Hoffmann lässt darnach (Ahd. glossen, 1826, s. IX) ungenau die pergamenths. selbst gestohlen sein. Gleichzeitig aber brachte J. Grimm gramm. II, X die nachricht, dass in Oxford sich des Junius alte handschrift der hymnen ... nebst dem codex der glossen wiedergefunden habe. Auch diese nachricht kann nicht genau gewesen sein, sie muss sich vielmehr auf die auffindung der Junius'schen abschriften 74 und 117 bezogen haben, wie schon daraus hervorgeht, dass hymnencodex und glossencodex als zwei verschiedene handschriften betrachtet werden. Und die abschrift, die J. Grimm endlich durch vermitteluug von G. H. Pertz, der selbst 1826 in Oxford war (s. Archiv VII, 17 f.), erlangte, gieng ebenfalls nicht auf das original, sondern auf die copie Jun. 74 zurück. Nach dieser abschrift ist denn die erste vollständige ausgabe der hymnen bearbeitet, die J. Grimm 1830 zum antritt seiner Göttinger professur herausgab (Ad auspicia professionis philosophiae ordinariae in academia Georgia Augusta rite capienda invitat Jacobus Grimm. Inest Hymnorum veteris ecclesiae XXVI. interpretatio theotisca nunc primum edita, Gottingae 1830). —

Seitdem hat niemand den hymnen besondere aufmerksamkeit geschenkt; noch immer war J. Grimms ausgabe die einzige, obschon vorauszusehen war, dass bei der unzuverlässigen grundlage, nach der dieser arbeiten musste, der text an vielen stellen der verbesserung bedürftig sein würde. Dass trotzdem bisher noch niemand, soweit öffentlich bekannt geworden ist, es versucht hat eine genaue abschrift des originals zu erlangen, mag wol mit dadurch verschuldet sein, dass trotz Grimm's versicherung von dem vorhandensein des originals in Oxford und trotz der ausdrücklichen hinweisung von Holtzmann Germ. XI, 30 f., und trotzdem, dass inzwischen J. B. Pitra im Spicilegium Solesmense, Paris 1852, I, 259 ff. aus derselben originalhs., freilich unter der falschen signatur Jun. XXII (statt XXV), einige glossen abgedruckt hatte (wiederholt danach von K. Bartsch Germ. VII, 239 f.), sich doch das gerücht vom verlust der hs. noch erhalten hatte.[1]

Ich selbst nun ward bereits zu anfang des jahres 1870 durch herrn prof. Zarncke, dem inzwischen Max Müller das vorhandensein des originals ausdrücklich bestätigt hatte, zur vorbereitung einer neuen ausgabe der Murbacher denkmäler angeregt, und später ward ich durch eine unterstützung, die mir das königlich sächsische ministerium des cultus in liberalster weise zu teil werden liess, in den stand gesetzt, im november 1870 vollständige abschrift aller deutschen bestandteile der hs. zu nehmen.

Es war ursprünglich meine absicht gewesen, mit den hymnen zugleich die glossen zu bearbeiten; doch sind diese nunmehr für das von E. Steinmeyer unter meiner mitwirkung zu bearbeitende corpus sämmtlicher ahd. glossen zurückgelegt worden.

Soviel zur geschichte dieser ausgabe. Ich lasse nun noch zur leichteren orientierung eine gedrängte übersicht der laut- und flexionslehre unseres denkmals folgen.

---

1) Auch K. Pertz, De cosmographia Ethici, Berolini 1853 kennt die hs. nur aus Tanner's catalog und hat die hs. selbst, die er fälschlich als Jun. 35 bezeichnet, während seines aufenthalts in Oxford nicht eingesehen.

Einleitung.

I. Lautlehre.

A. Vocale.

Quantitätsbezeichnung findet sich in der hs. nicht, weder durch setzung von quantitätszeichen noch durch doppelschreibung; diess letztere ist besonders wegen der conjunctivformen der verba auf -*én* zu beachten. Bei dem *a* der stammsilben ist der umlaut schon ziemlich stark eingedrungen: im ganzen fand ich etwa 84 umgelautete *e* neben 24 unumgelauteten. Ein unterschied in der häufigkeit des vorkommens des einen oder des anderen lautes bedingt durch den folgenden consonanten zeigt sich im allgemeinen nicht, nur *ht* hindert stets, 7 mal, den eintritt des umlauts, vgl. *maht* und *mahtig* etc. im index. Ausserdem finden sich unumgelautete *a* vor *ch, g, ll, lch, lt, rch, ng, nt, nst, ft*, aber meist von umgelautetem *e* begleitet; vgl. *kimachida, sigufaginont* neben *feginot* etc.; *falli* neben *hella, scalchilun, kiuualtida, starchisto, zuakangi, angil* neben *henge, uflengida, engil; pantirun* neben *pentir, enti, henti* etc., *abanstig* neben *ensti; frumiscafti* neben *chrefti* etc. Auch andre consonanthäufungen bieten dem umlaut kein hinderniss dar, wie *nch, nd, ntr, rp, rt, st, fs,* vgl. z. b. *denchem, mendi, hentriskes, derpaz, uerti, pleste, festemu, refsit* usw. Auch vor *u(w)* herscht schwanken, wir finden *urgauuida* 25, 1, 4, *kauimizze* 19, 6, 3 neben *geuimezze* 19, 8, 2.

Das *a* der ableitungs- und flexionssilben ist im ganzen wol erhalten; rücksichtlich der letztern ist unten der abschnitt über die flexion zu vergleichen. Selbständige schwächungen wie *uber* 6, 3, 2, *dare* 1, 4, 2, *arloste* 10, 3, 4 sind selten. Am leichtesten unterliegt das *a* noch der assimilation an *i,* vgl. *anasidili* 6, 6, 3, *pauchini* 8, 4, 1, *heitiristin* 12, 3, 1, *pilidi* 24, 3, 3, *magidi* 24, 5, 1, denen sich *furihtanti* 1, 4, 4 und *fuarinti* 4, 3, 4 zunächst anreihen; auch für assimilation an folgendes *e, o, u* finden sich beispiele: *manege* 24, 8, 3, *lougenente* 25, 5, 4; *opunontiges* 6, 5, 2; *kapuluht* 4, 5, 1 etc. neben *perahtemu, uuerahc* etc.; ähnlich wie mit dem letzten beispiel verhält es sich mit *simbulum,* und mit *duruh,* das 16 mal in A steht neben dem 7 mal in B stehenden *thurah (thuruh,* das wol noch an das gewis in der vorlage durchstehnde *duruh* erinnert, kommt in B nur 24, 5, 3; 9, 2 vor). — Vor *w* findet sich *zesauun* neben *palouues, zesuuun* und *zesuun*. Zwischen cons. + *r* oder *l* wird das *a* gern ganz ausgestossen, z. b. in *finstri*, *conaltre*, *neonaltre*, *lutri*, *uuochru*, *deodrafte*, *simblum*, *simblig* u. s. w. neben formen wie *heilaremu*, *suntaron*, *uuatarit*, *sleffari* u. s. w.

Besonders zu beachten ist die partikel *ka*, da bei dieser hauptsächlich die beiden schreiber auseinandergehen, wie die folgende tabelle zeigt:

	ka	*ca*	*ki*	*ke*
A	118	12	7	—
B	9	2	26	14

wobei noch zu bedenken ist, dass B nur $1/5$ des umfangs von A hat. Ausser den hier gegebenen formen finden sich noch 3 *ga* 7, 10, 1. 8, 10, 1. 22, 5, 3, 2 *gi* 16, 6, 1. 26, 5, 3 (vgl. s. 17), 2 *cha* 10, 4, 3. 19, 11, 7 (vgl. s. 18) und endlich 1 blosses *k* in *k-risit* 25ᵃ, 1, 1.

Für *ë* sind nur die ungewöhnlicheren schreibungen *egypte* 1, 3, 3, *pech* 19, 1, 4 und *pacch* 21, 5, 2 zu bemerken, ferner der mangel der brechung in *kauimizze* 19, 6, 3 neben -*mezze* 19, 8, 2; desgleichen für *i* nur die schwächung *himilesges* 11, 3, 3 und ein *pa* für *pi* in *unpauollaniu* 8, 3, 3.

u, *o*, die langen vocale und der diphthong *ei* geben zu bemerkungen keinen anlass.

Neben den durchaus gewöhnlichen *au* kommt *ou* vor in *ouh* 1, 2, 1; *louffant* 1, 8, 1; *hohubit*- 7, 11, 3; *oucun* 16, 4, 1; *keloubentero* 22, 6, 2; ferner bemerke man die formen *frouuem*, *froonte* neben *frauuer*, *frauuoem*.

Gotischem *o* entspricht etwa 80 mal *ua*, B hat daneben noch 5 *uo*: *irrituomo*, *kascuofi*, *ungaruorige*, *uuofte*, *uuochru*; ausserdem steht fehlerhaft *uua* in *tuuanne* 2, 8, 2 und *kakruuazze* 4, 5, 1; *katues* 7, 12, 1 aber ist dreisilbig, indem vor dem *e* des conj. der zweite bestandtheil des diphthongs ausfiel.

Neben *ea* in *deam* 1, 4, 2; *peatres* 13, 2, 3 findet sich *pietres* 25, 4, 3 und *anfingi* 27, 6, 3, letzteres vielleicht fehlerhaft überliefert.

Neben *iu* kommt einmal *eu* vor in *reuun* 23, 3, 3. Die gewöhnliche brechung von *iu* ist *eo*, das ich 50 mal zählte einschliesslich 9 *eo* = got. *áiv*; daneben 7 *io*, deren eins, *liotfaz* 1, 8, 3, in A, sechs, 22, 4, 2. 24, 13, 2. 25, 2, 3; 3, 3; 4, 2; 8, 1 in B stehen. Diese brechung tritt aber nur vor dentalen und den alten spiranten ein, vor gutturalen und labialen bleibt *iu* bestehen, wie die folgenden belege ausweisen: *piugames* 2, 6, 2 etc.; *triuge* 15, 4, 3 etc.; *siuchem* 25, 6, 2; *diubes* 20, 2, 4 etc.; *sliufen* 4, 4, 2; *tiufer* 15, 5, 1 etc.

B. Consonanten.

1. Dentale.

Gotisches *t* ist überall, mit ausnahme der bekannten fälle wie *hlûtar*, *heitar*, verschoben. Für den anlaut gilt *z*, wie der index aufweist, selten vor *i* auch *c* in *cit* 2, 1, 1(2);[1] so auch inlautend *hercin* 2, 10, 3, und lateinischem *c* entsprechend *chruci* 20, 3, 1 etc., *crucez* 6, 3, 3. 7, 1, 3 neben *chruzes* 10, 2, 3 etc. Unverschoben ist *t* nur in dem entlehnten *churteru* 20, 3, 2 und selbstverständlich in den verbindungen *ht*, *ft* und *st*. Merkwürdig und mir ebenfalls unerklärlich ist die gemination eines solchen *t* nach *h* und *f*, die in einer reihe von denkmälern wiederkehrt und sich in den hymnen durch *sclahttu* 19, 5, 2, *t(ruh)ttin* 16, 2, 1. 19, 6, 3 belegt findet. Aus andern denkmälern kann ich zu den von Scherer zur Reichenauer beichte, Denkm.[2] LXXV, 1 gegebnen beispielen (*rehttunga* Is. 20, a, 8; b, 17; *slahttu* Ja. Nyer. 189; *prahttit* Jb. 554; *rehtto* Rb. s. 502[b]; vgl. auch Denkm.[2] s. XXII) noch hinzufügen: *rehttunga* K. 110, 10 Hatt.; *rehtteru* ib. 113, 21; *inprehttandi* gl. K. 172, 16; *ahttozo* ib. 215, 12; *kimahtton* Hatt. 1, 226ᵃ, 10; *slihttit* gl. Prud. M¹ (Haupt XVI, 35 ff.) V, 1507; *slihtti* Otfr. V. I, 1, 36, vgl. Kelle II, 528; *Perahttulp*, *Perahttulpa* Haupt XII, 252; sogar *mohtta* Hel. C 2553 und *almehttig* Ruthwellkreuz 1; ferner *durftigoen* K. 105, 19; *durufttigot* ib. 107, 6; *durufttigontera* ib. 108, 29; *afttrorom* ib. 65, 9; *chereftti* Ps. 139, 3 (denkm. XIII); *oftto* Tat. 84, 4; *sufttota* ib. 86, 1 (s. nachtr.). — Ausfall eines unverschobenen *t* ist zu notieren in *urtruhlicho* 3, 6, 3 (vgl. beispielsweise *forahlihhun* K. 36, 23; *rehlihhiu* 87, 11), das sicher für *urtruhtlicho* steht; denn diess wort hat, wie form und bedeutung zeigen, mit dem von J. Grimm verglichenen ags. *gedreóh*, *gedreóhlîce* nichts zu tun, sondern ist von *truht* abzuleiten.

Was das verschobene got. *t* betrifft, so steht für inlautendes (hartes) *z* nach consonanten einfaches *z*, wie in *herza* 16, 4, 2 etc.;

---

[1] Diess wort wird besonders gern, z. b. in der Benedictinerregel immer, mit *c* geschrieben; vgl. F. Seiler, Beiträge I, 415.

suarziu 5, 2, 1; *kasuarztem* 14, 4, 1; *uurza* 8, 6, 4 (*hercin* 2, 10, 3 s. oben); nach vocalen gewöhnlich *zz*, z. b. in *hizzu*, *hizzom*, *sizzis*, *pisizzi*, *pisizzant*, *kasezze*, *kasezzanto*, *luzzilemo*, auch nach tieftoniger oder unbetonter silbe, vgl. *antluzzi* 5, 3, 3 etc.; *kaanazze* 4, 5, 2; doch steht auch einfaches *z* in *fizusheit* 4, 4, 3 etc.; *sizis* 26, 8, 1; *sizit* 17, 2, 4; *lohazit* 19, 1, 1; *einluze* 26, 12, 1. Das verhältnis beider schreibweisen ist wie 11 zu 7, ohne dass sich ein besondrer unterschied zwischen A und B bemerkbar macht.

Ebenso überwiegt bei (weichem) *z̧* wie zu erwarten (vgl. W. Braune in den Beiträgen zur geschichte der deutschen sprache und literatur I, 48 ff.) die schreibung *zz* sowol nach kurzen wie nach langen vocalen, wenigstens in A, das nach kurzem vocal 17 *zz*, kein einfaches *z*, nach langem vocal 30 *zz* gegen 3 *z* hat (*uuizaclichiu* 1, 1, 2; *intlazit* 4, 2, 1; *intlaze* 15, 1, 4), während B nach kurzem vocal nur 1 *zz* (*uuizzantheiti* 24, 3, 3) gegen 3 *z* (*kicozan* 22, 5, 2; *mezu* 26, 15, 2; *uuizantheiti* 24, 6, 4), nach langem vocal 4 *zz* (*uuizzum* 22, 3, 2; *uuizzinarra* 22, 4, 4; *reozzante* 24, 12, 2; *luzzentero* 24, 14, 3) gegenüber 6 einfachen *z* bietet (22, 5, 3. 23, 3, 4. 24, 6, 2. 25, 3, 4; 4, 2. 26, 4, 2).

Auslautend steht für *z̧* einmal *s* in *kalichas* 24, 2, 4; eine besonders bei dem zweiten schreiber der Benedictinerregel (s. E. Steinmeyer, Haupt XVI, 131 ff.) oft vorkommende schreibung; vgl. *deolihas* Hatt. 60, 10; *kascribanas* 64, 22; *scammas*, *lutras* 71, 13; *einikas* 77, 9; *fcistas* 77, 14; *cinas* 89, 13; *ciganas* 90, 16; *uuas* 96, 20. 107, 32; *edesuuas* 102, 15. 109, 18. 114, 2; *das* 98, 18. 102, 17. 115, 1; *andras* 100, 8; (*si*)*nas* 113, 14, s. F. Seiler, Beiträge I, 416. Umgekehrt *cruccz* 6, 3, 3. 7, 1, 3, vgl. *kruccz* Otfr. F. IV, 26, 2.

Ueber das dem got. *d* regelrecht entsprechende *t* ist nichts zu bemerken, als dass in *standanter* 24, 14, 4 einmal die verschiebung unterblieben ist.

Das gotische *þ* vertritt im anlaut in A regelmässig *d*, in B aber *th*, wie ein blick auf den index lehrt. Ausnahmsweise findet sich in A *dhemar* 3, 7, 1; *kadhui* 16, 5, 2 aber ist wol für *kaduhi* verschrieben (obschon der ausfall des *h* keine schwierigkeiten machen würde, s. unten), gehört also nicht hierher. Vereinzelte *d* hat B in *kidcht* 22, 6, 1. 24, 5, 4 (vgl. *kithchtnissi* devotionis Jc. 1018, Nycr. 257; Graff V, 162 f.); *deam* 22, 7, 1. 2. 3; *dera* 23, 1, 4; *dar* 24, 6, 3; *du* 24, 13, 1. —

In - und auslautend steht in beiden *d*, doch auch *feddhacho* 7, 7, 3 in A, *uuarth* 24, 8, 1; *uuerth* 24, 7, 4; *leithlichetos* 26, 6, 4 in B, endlich wahrscheinlich fehlerhaft *kotcunddemu* 7, 3, 2. Auslautend wird diess *d* nicht verhärtet, vgl. die artikel *aband*, *kapuid*, *kotcund*, *leitid*, *lid*, *quad*, *tagarod*, *tod*.

2. Labiale.

Gotisches *p* ist anlautend zu *f* verschoben in *fade* 5, 1, 4; in jüngern entlehnungen, wie *Paul*, *Peatar*, *pëch*, *porta*, *predigon*, ist anlautendes *p* geblieben; diese sind also mit den got. *b* zusammengefallen. — Im inlaut tritt wenigstens der schreibung nach zu urteilen überal scharfe spirans ein, die nach kurzem vocal meist, 4 mal, in *sleffara*, *sleffari*, *scaffota*, *kascaffotos* durch *ff*, einmal in *kascafoe* 3, 4, 1 durch *f* bezeichnet wird. Nach langem vocal ist 7 mal *ff*, 13 mal *f* geschrieben, vgl. *lauffem* etc., *slaffantero*, *slaffiline*, *urchauffe*, *uuaffan*, *kiuuaffantiu* gegenüber *archaufit*, *chaufo*, *kascuofi*, *slafe*, *slifanne*, *sliufen*, *taufanter*, *taufi*, *tiufer* etc., *uuafanum*, ohne beträchtlichen unterschied zwischen A und B. Auslautend in *scaf*, *slaf*, vor einem consonanten in *slafragan*, *archauftos* etc. einfaches *f*. Inlautendem got. *p* nach *l*, *m*, *r* entspricht ebenfalls nur *f*: *helfa*, *helfan*, *kalimfanti*, *sarfe* etc., *uurfe*. Für inlautend verschärftes *p* steht zwischen vocalen einmaliges *pf* in *scepfant* 24, 1, 2, sechsmaligem *ff* in *scheffo* 1, 7, 4; *sceffento* 4, 1, 1. 8, 2, 1; *sceffant* 11, 3, 3; *chriffe* 16, 3, 2; *staffin* 20, 3, 3 gegenüber; vor consonanten wird auch diess *ff* vereinfacht: *pislifte(n)* 25, 6, 4; 7, 3.

Gotischem *b* entspricht im Anlaut gewöhnlich *p*, ausnahmen sind *kabuntane* 1, 11, 3; *kabeote* 17, 1, 3; *unbilibanlicheru* 26, 2, 4. Die erhaltung der tönenden media ist wie die vergleichung des *g*, *k* dartut wahrscheinlich durch die vorhergehnden tönenden laute veranlasst. — Für inlautendes *b* findet sich meist *b* bewahrt; nach vocalen fand ich 79 *b* gegenüber 36 *p*; diese verteilen sich auf die beiden schreiber A B wie 62 zu 17 einerseits und 26 zu 10 andrerseits, also ebenfalls ohne beträchtliche differenz im gebrauche. Bemerkenswert ist, dass das wort *kalauba* nebst den adj. *kalaubig* 18 mal *b*, nur 2 mal 8, 4, 4. 20, 2, 1 *p*, dagegen das verbum *kalaupen* 6 mal *p* und nur 2 mal *b* zeigt, wahrscheinlich wegen des verschärfenden einflusses, den das ableitende *j* auch hier geübt hat; freilich fallen 2 der *p* dem part. prät. *kalaupit* zu, bei dem ein solcher einfluss nur indirect angenommen werden kann. Schärfer tritt dieser, was ich gleich hier erwähne, in *insueppe* 15, 5, 4 hervor. — Nach *m* bleibt inlautend ausnahmslos, 22 mal, das *b*, vgl. im index die artikel *kambar, chlimban, lamb, simblig, simbulum, umbi-, uuamba*. Nach *r* steht einmal *b* in (*er*)*be* 26, 11, 2, 2 mal *p* in *asterpe* 20, 7, 3; *derpaz* 21, 4, 3. Auslautend ist gewöhnlich verhärtung eingetreten, übereinstimmend also mit der behandlung der gutturalen, aber abweichend von der der dentalen freilich jüngern, d. h. aus der got. spirans entstandenen, dentalen media; s. s. 15. 18. Ich finde nur *lob* 13, 1, 3, *lobafter* 17, 2, 1 neben 22 auslautenden *p*, z. b. *kip* 2, 9, 2 etc.; *lip* 5, 4, 3 etc.; *lop* 1, 1, 3 etc.; *loplichiu* 26, 4. 2; *lopsanc* 25[a], 1, 1, auch nach *m* in *lamp* 7, 10, 1. 21, 4, 2.

Gotisches *f* bleibt im anlaut unangetastet mit ausnahme von *uerti* 2, 3, 4; desgleichen im auslaut *uuarf* 21, 6, 2; *ref* 26, 6, 4 und vor consonanten in -*haft, chraft* u. s. w. Im inlaut aber nach tönenden lauten ist erweichung zu *v* eingetreten: *erheui* 26, 11, 3, *ruaua* 7, 6, 2 etc., *zuueliuinga* 7, 6, 2, *uueruan* 18, 1, 4, *uuiruit* 25, 6, 4 (wo im got. schon die erweichung in *b* eingetreten ist), endlich in *auur*, d. h. *avur* 1, 6, 1 etc. (10 mal) mit *uu* in *auuar* 4, 3, 4 wechselnd.

3. Gutturale.

Gotisches *k* wird im anlaut in der regel durch *ch* vertreten, auch vor consonanten; daneben findet sich 18 mal unverschobenes *k*, *c* in *leotkar, kotcund* etc., *ccrubyn, cuning, cundenti, clibante, crefti* etc., *crucez*, einmal auch wol verschrieben bloss *h* in *hlochonte* 1, 9, 3. — Für den inlaut gilt sowol nach kurzem wie nach langem vocal für einfaches *k* als regel *ch*, vgl. z. b. die adjectiva auf -*lih*; seltner steht *h*: *mihileru* 1, 8, 4; *pilohaneru* 1, 9, 4; *egislihera* 15, 2, 1; *uuntarlihe* 17, 3, 2; *cocalihemu* 17, 3, 4; *suahe* 20, 6, 2. Dasselbe verhältnis wiederholt sich beim zusammentreffen von auslautendem *ch* mit anlautendem *h*, d. h. es steht sowol *ch* als blosses *h*: *unrachaft* 6, 1, 2; *lichamin* 2, 8, 4 etc. (4); *lichanaftemu* 19, 9, 4, aber *lihamo* etc. 3, 5, 2 usw. (8), *lihamilo* 21, 2, 1. Ganz ausnahmsweise endlich steht auch *hc* in *rihces* 1, 7, 4 und *cch* in *pisuuicchilineru* 2, 10, 1; *frecchi* 8, 6, 3. Im auslaut entspricht gewöhnlich *h*, seltnere schreibungen sind *pech* 19, 1, 4; 21, 5, 2; *kauuirich* 22, 1, 2; *cocalihc* 7, 8, 3; *uuerahc* 9, 2, 2; *uuntarlihc* 20, 5, 1. — Nach consonanten steht ebenwol *ch* durchgängig, vgl. z. b. *scalcha, schalchilun; dancha, denchem, trinchem; charchari, marchom, starchisto;* daneben auch *tunchchali* 2, 4, 2 und *folh* 26, 11, 1. — Auch für inlautend verschärftes *k* steht *ch* durch: *dechit, deche, chlochonte, uuechit* etc., und got. *q* entsprechend *kinachatotiu* 22, 5, 1. Im auslaut kommen geminirte *k* nicht vor.

Was die verbindung *sk* anlangt, so wird diese im anlaut 53 mal durch *sc* bezeichnet, das auch vor *e, i* als regel steht. *sk* finde ich nur in *arskin* 25, 8, 1; *kiskentit* 26, 16, 2 in B, und *sch* in *scheffo* 1, 7, 4; *schimo* 3, 1, 1; *schalchilun* 22, 8, 3. Im inlaut und auslaut zählte ich 10 *sc: drisca, fleisc, flusc, friscing, himilisces, horsco, arlasctiu, tulisco, unchuscan, uuasc,* 5 *sk: hentriskes, fleiskes, himiliska* etc., *uuaskit,* 12 *sg: drisgi, fleisge* etc., *himilesges, hiuuisges, unchusger, -em, uuasgi, kauuasge* (diese alle vor *e, i;* für den auslaut ist kein *sg* belegt); endlich ein *sch* in *mannaschines* 24, 3, 2. — Zu bemerken ist hier noch die einschiebung eines *c* zwischen *s* und *l*, die in *sclahan* 1, 4, 3; *sclehtem* 4, 4, 2; *slahttu* 19, 5, 2; *kasclactot* 21, 4, 2, alle in A, vorliegt (Weinhold AG. § 190).

Für gotisches *q* weist der index anlautend 3 *quh* 2, 7, 3. 23, 1, 2. 26, 12, 1, ein *qhu* 20, 3, 4, ein *quuh* 2, 8, 1; 4 *chuu* 1, 1, 3. 19, 6, 2 (2); 7, 2, und 7 *chu* 1, 10, 3. 6, 4, 4. 7, 9, 4 etc. bis 20, 8, 4 auf. Inlautend findet sich nur das schon unter *k* angeführte *kinachatotiu* 22, 5, 1.

Gotisches *g* ist im anlaut meist verschoben, und zwar finde ich 230 mal *k*, 50 mal *c* dafür geschrieben. Letzteres findet sich namentlich vor *a* (24 mal) und vor *l, n, r* (9 mal) geschrieben; *k* vor einem consonanten steht nur in *kakruuazze* 4, 5, 1. Vor *e, i* herrscht dagegen das *k* unbedingt; nur einmal steht dem entgegen *cifti* 7, 1, 3. Dem gegenüber haben sich nur 18 unverschobene *g* erhalten: *prutigomo* 1, 7, 3; *ingiuz* 3, 2, 4; *gebe* 3, 4, 4; *gifti* 7, 2, 2; *ufgange* 8, 3, 3; *gange* 9, 2, 2; *gangante* 11, 3, 1; *gihugi* 16, 6, 1; *geuimezze* 19, 8, 2; *kagcozzanti* 20, 2, 1; *argebe* 20, 16, 4; *argepan* 21, 5, 4; *uunnigartun* 21, 6, 4; *urgauuida* 25, 1, 4; *ungauuemmit* 7, 10, 1; *ungaporono* 8, 10, 1; *ungaruorige* 22, 5, 3; *ungimezenera* 26, 5, 3. Mit ausnahme von *gifti, ufgange* und *gihugi* steht hier überall das *g* nach tönenden lauten, was zu dem oben über *b* bemerkten gut stimmt. — Eigentümlich ist das *ch*, das für sich anlautendes *g* in *harcheban* 12, 2, 4; *eochalichera* 10, 4, 3; *eochalichemu* 19, 11, 4; *chrimmiu* 1, 5, 2 findet. Aus den nächstliegenden denkmälern kann ich dazu noch beibringen (abgesehen vom auslaut) *inchinnet* Ja. Nyer. 188, *pichnegit* Jb. 184, *chundfano* Rd. 1348; vgl. *scauunche* K. 108, 28 und *kituchi* Jb. 624. Anders stellen sich die verhältnisse im inlaut. Hier ist *g* 145mal nach vocalen und 57mal nach *l*, *n*, *r* unverschoben erhalten. Verschiebung findet sich nur 7mal in A durch *oucun* 16, 4, 1; *kakan* 1, 10, 4; *takes* 11, 1, 3. 17, 1, 3; *take* 9, 4, 1. 16, 1, 1; *kazokan* 18, 1, 1 belegt, wozu dann noch *kaauctem* 19, 10, 1 sowie *huct* und *inhuct* hinzukommen. Nur bei verschärfung durch nachfolgendes *j*, die aber nur nach kurzer silbe statt hat, tritt zugleich verhärtung ein: *luccer* 15, 3, 1; *lucci* 15, 4, 4; *lickante* 25, 5, 2, doch *kafuage* 5, 5, 4. — Im auslaut ist wie beim *b* verhärtung die regel: nur *cuning* 24, 1, 1 (*friscing* 7, 10, 2 ?, s. anm. zur stelle) bildet eine ausnahme gegenüber 16 *c* (*heilac*, *mac*, *tac*, *katurstic*, *uuarc*, *chuninc*, *lopsanc*, *zilsanc*, *sedalcanc* etc.) und 19 *k* (*mak* 20, 6, 1; *uuak* 2, 2, 2 und 17 mal *tak*). Dem anlautenden *ch* entsprechend findet sich auch einmal *h* in *uuirdih* 26, 1, 4; vgl. *ghiziuch* Ja. Nyer. 176; *halspauch* Ja. Nyer. 190; *haruch* Rd. Jb. 772 (vgl. H. Paul in den Beiträgen I, 182).

Gotisches *h* ist vor *l*, *n*, *r*, *w* ohne ausnahme bereits abgefallen. Dagegen ist ein unorganisches *h* nicht selten vor vocalen vorgeschlagen, namentlich in A: *hantheizzom* 3, 3, 1; *hensti* 3, 3, 3; *heitar* 3, 5, 4; *hera* 6, 6, 4; *herda* 7, 8, 3; *hafter* 8, 1, 2; *hehtim* 8, 9, 1; *hupilo* 8, 9, 2; *hantreiti* 11, 3, 1. 14, 2, 4; *harcheban* 12, 2, 4; *habandsterre* 14, 2, 1; *harbeiti* 14, 3, 3; *huns* 17, 3, 1; *habande* 18, 1, 2; *harstant* 19, 3, 4; *hostrun* 21, 3, 1; 4, 1; *hostarlicheru* 21, 7, 2; zusammen 18, in B nur *hentriskes* 24, 9, 1. Dieselbe erscheinung findet sich auch in den nächstliegenden denkmälern wieder, z. b. *hahtonter* Ja. Nyer. 174; *gahotagoter* 174; *arhaughit* 178; *helahun* 184; *hili* 193; *kihabuhter* Jb. 343; *huhaldi* Nyer. 203; *hahsala* Jb. 504; *huruuafani* 658; *hunpuakkhic* 659; *hubarfahanti* 930; *heimstriti* 109; *herda* Rd. Jb. 1129; *heimstrit* Rd. Jb. 1180; *hirrer* Rd. Jb. 1307; *herhaft*, *hehalto* Jc. Nyer. 245; *hubilan* K. 55, 5; *hachustim* 57, 8; *heikinin* 112, 13; *heru* 61, 31 usw. (vgl. auch Weinhold AG. § 230). — Im inlaut fällt das *h* zwischen vocalen bisweilen aus: *hoi* 6, 4, 3; *hoiu* 6, 3, 1; vielleicht *kadhui* 16, 5, 2, vgl. oben s. 14. Vergleichen lässt sich hiermit der nicht seltene abfall des *h* der enduug *-haft* in *deodrafte* 6, 6, 2. 10, 3, 1; *lichanaftemu* 19, 9, 4; *triuafte* 2, 8, 3; *triuaftemu* 3, 5, 2. Aehnlich finden sich in Ja. *mezaftota* Nyer. 183, in Jb. *pifolaan* 631, in Jc. *hoiro* Nyer. 244 (2), *erhoit* 251. Umgekehrt ist hiatusfüllendes *h* eingeschoben in *kafrehtohem* 1, 13, 3; *hohubit-* 7, 11, 3; *apastohem* 8, 5, 2, vgl. z. b. *duruftigohe* K. 88, 10; *trahtohcc* 116, 3 etc. Auch vor *t* ist *h* ein paar mal ausgefallen: *liotfaz* 1, 8, 3; *leotkar* 1, 9, 2; *trutinan* 7, 7, 4; *trutines* 19, 7, 4. Abgesehen hiervon finden sich neben der gewöhnlichen schreibung *ht* noch *htt*, das oben s. 13 besprochen ist, *cht* in *machtiger* 2, 5, 4 (vgl. *rachtomes* Jc. Nyer. 243. 257), *hc* in *arrihctit* 5, 2, 4; *ct* in *urtructe* 4, 6, 1; *slectera* 5, 3, 3; *slecter* 15, 3, 4; *kasclactot* 21, 4, 2; aber *huct* und *inhuct* gehören wegen got. *gahugds* nicht hierher. — Auslautend finden sich neben dem gewöhnlichen *h* noch *ch* in *duruch* 1, 10, 1. 6, 3, 2. 20, 8, 1. 21, 5, 3; *hc* in *duruhc* 7, 2, 3; 4, 4; *farlihc* 8, 10, 1 und *c* in *noc* 4, 1, 3; 4, 1. 5, 1, 4 und *duruc* 6, 2, 3.

4. Die nasale.

Ueber *n* ist nur wenig zu bemerken. Dass anlautendes *hn* zu *n* geworden ist, ist oben s. 18 bemerkt. Die aus *m* geschwächten *n* werden unter *m* besprochen werden. Hier registriere ich nur den ausfall des *n* vor der spirans *s* in *apastohem* 8, 5, 2; *ast* 10, 1, 3. 12, 3, 4. 20, 6, 2; *usih* 25, 7, 3, denen sich fälle wie *teilnuft* K. 95, 5, *farnufst* 79, 7; *sikinuft* Jb. 1000; auch wol *jugiron* K. 45, 3; *iügoron* Otfr. II, 14, 81 V in Müllenhoff's sprachpr. 73 (vgl. über diese form meine anmerkung zum Tatian s. 22) und *kichudida* d. h. **kichudinda* Jc. Nyer. 253, 5 zur seite stellen. Dagegen hat man in *inputan* 25, 7, 4, *einagu* 26, 5, 4, *unaffa* 25, 6, 3 und *sigem* 16, 1, 4 wol nur einfache schreibfehler anzunehmen (doch vgl. Weinhold AG. § 167. 200 und I. Harczyk in Haupts zs. XVII, 79 f.), die vielleicht durch das abkürzungszeichen ¯ veranlasst wurden; freilich steht diess nur einmal in *zeichā* 1, 4, 4 sicher für *n* und ist sonst überall durch *m* aufzulösen. — Assimilationen des *n* an vorhergehendes *r* und *m* liegen vor in *habandsterre* 14, 2, 1 neben *sterna* und *tagastern*, und in *stimma*, *stimmi* neben einmaligem *stimnu* 7, 12, 3. Schliesslich fehlerhafte *m* für *n* in *solum* 13, 3, 3; *rihtem* 3 pl. 13, 3, 4; *uunnigartum* 21, 6, 4.

Bezüglich des *m* ist über den an- und inlaut nur das zu bemerken, dass vor *f* es einmal in *notnunfti* 3, 5, 4 zu *n* geschwächt wird; in *chumft, chumftig, siginumft, siganumftiliches* dagegen bleibt es unangetastet. Wichtiger ist das verhalten des flexivischen *m* im auslaut. In betracht kommen hierbei nur die 1. pers. pl. conj. der verba und die dative pluralis, da die formen des indicativs mit einziger ausnahme von *pirum* 1, 6, 1, stets auf *-mes* ausgehn und eine erste pers. sg. ind. nirgends belegt ist. Für den conjunctiv geben die hymnen 34 mal die endung *-m*, wozu noch 4 formen auf *-ē* (4, 6, 4. 8, 7, 4. 9, 4, 4. 12, 1, 1) kommen. Nur einmal ist schwächung zu *n* eingetreten, *uuesen* 2, 8, 3, vielleicht weil ein *t* folgt. — Weiter gegriffen hat die schwächung im dativ pluralis. Als gesammtsumme ergibt sich 56 mal (47 A : 9 B) ausgeschrieben *-m*, 19 mal (12 A : 7 B) abgekürztes *m* (*-ē* etc.), 21 mal (15 A : 6 B) *-n*. Die hauptmasse der geschwächten formen auf *-n* fällt indess auf die femininen *a*-stämme und die *n*-stämme. Denn während bei der starken declination mit ausnahme der feminina auf *-a* den 65 *m* nur 7 *n* gegenüberstehen, weist jene zweite gruppe neben 10 *m* schon 14 *n* auf. Die schwächung hat also bei diesen, namentlich wol bei den *n*-stämmen, wegen der vielen hier auf *-n* ausgehenden casus begonnen. Ausserdem ist zu beachten, dass verhältnismässig B reicher an *n* ist als A, namentlich auch in der ersten gruppe, wie folgende tabelle veranschaulicht:

	A		B	
	m	*n*	*m*	*n*
I. gruppe	51	2	14	5
II. gruppe	8	13	2	1
gesammt	59	15	16	6

Diess ergäbe, da B etwa nur $^1/_5$ des umfangs von A hat, für B verhältnismässig 30 *n* gegen die 16 *n* von A. — Einzelnes folgt bei der flexion.

5. Die alten spiranten.

Für *w* gilt im silbenanlaute des hauptsache nach die gewöhnliche schreibung *uu*, das auch die vertretung von *uv, wu*, ja *uwu* mit übernehmen muss; z. b. *niuuer, niuuan, pliuue, umbiuurft, unuparuuntan, uuasc, uuafit, uuofte, uuochru* (hierüber vgl. s. 12), *euii, aruun; rcuun, tauum* usw. Dreifaches *u* steht nur in *uuuastentcmu* 21, 3, 2 und inlautend in *zesuuun* 26, 8, 1. Nicht selten aber ist eins der beiden *u* gespart: *unpauollaniu* 8, 8, 3; *uizzanter* 15, 5, 2; *uaro* 21, 5, 1; inlautend *euigem* 1, 13, 3, *pliuames* 18, 2, 2; *geuimezze* 19, 8, 2; vgl. 19, 6, 3. Auch für diese schreibung bieten die übrigen Murbacher und Reichenauer denkmäler zahlreichere beispiele: vgl. *firuicikem* Ja. Nyer. 182; *uigit* Jc. Nyer. 243, *uarbot* ib. 256; *plauaz* Jb. 502; *uald* 1209; *uatage* Rd. 518; *uachar* 537; *uauahst* 620; *furiuorfan* 830; *firinuacharum* 1322 usw. — Nach consonanten, d. h. *ch, q, s, t, z* ist 10 mal *uu*, 18 mal *u* geschrieben; die belege s. im index.

Das *j* wird im anlaut wie gewöhnlich durch *i*, in *giu* und *gchan* durch *g* bezeichnet; s. den index. Inlautend aber hat es sich nur in *saio* 2, 1, 2; *uuastio* 1, 3, 2; *prustio* 24, 14, 1; *ehtco* 4, 5, 3; *ziteo* 18, 1, 4. 25, 1, 3; *uueralteo* 25ᵃ, 1, 4 erhalten, einmal also nach einem vocal, 6 mal nach *t*, wie denn überhaupt, z. b. auch in der Benedictinerregel, die dentalen das *j* nach sich am längsten zu bewahren scheinen. Im übrigen ist es fortgefallen und zwar ohne eine spur zurückzulassen, abgesehen natürlich von seinen einflüssen auf benachbarte vocale, nach consonantenverbindungen (es kommen vor *ft; ht; lt; mm; nd, nt, ng, nch, rb; rm, rn, rr, rz; sc, ss, st*), nach den dauerlauten *s, w, m, ch, f, z* und den erst verhältnismässig spät aus spiranten zu medien übergetretenen *g, d, b* nach langen vocalen.[1] Dagegen hat es bei den verschlusslauten und *l, n, r* verschärfung hervorgerufen, die ihren ausdruck gewöhnlich durch gemination des betreffenden consonanten findet. Alte *k, t, p* nach kurzem vocal bleiben darnach bekanntlich in der verschiebung um eine stufe zurück (doch vgl. oben unter *ch* und *ff*). *b* und *g* nach kurzem vocal werden geminiert: *insucppe* 15, 5, 4; *lucci* 15, 3, 1; 4, 4; *lickante* 25, 5, 2; ebenso das ihnen gleichstehende *t* z. b. in *antlutti, pittan, dritta, mitti, arrette*, zusammen 28 mal; daneben einfach nur *pitames* 2, 6, 4. Bei *t* ist indes gemination auch nach langem vocal das gewöhnlichere: *leittem* 4, 6, 4; *lutten* 5, 3, 1; *kaluttemes* 7, 12, 3; *peittentemu* 14, 2, 1;

---

[1] Doch vgl. das oben s. 15 f. über *kelaupan* bemerkte.

lutte 25, 8, 3 neben *lutant* 7, 7, 4; *leitem* 8, 10, 2; *spreitemes* 23, 2, 3. Bei *l* hat sich die gemination nur nach kurzem vocal festgesetzt, vgl. *hella, stilli, uuillo*, nach langem vocal ist, in *heilant*, das *j* einfach ausgefallen. Auch *n* liebt die gemination selbst nach langem vocal: man vergleiche neben *kadenne, chunni, minna, minnon* und den flectierten infinitiven auch *unreinnen* 5, 4, 3; *kasconnota* 11, 3, 2; *sconniu* 11, 3, 1; *reinnenti* 20, 5, 4; *reinnes* 24, 6, 2; *kasconnot* 26, 4, 3 gegenüber *reinemu* 13, 2, 2. 19, 9, 2; *kasiunes* etc. 15, 4, 4. 19, 9, 4. 20, 2, 2 und nach tieftoniger silbe *laugenente* 25, 5, 4. Ungefähr das gleiche gilt auch wieder von *r*. Es steht *purrenti* 2, 2, 2; *keterran* 24, 10, 3; *spurrento* 24, 14, 2; *erpurres* 25, 1, 4; *terrennes* 25, 3, 4; *ferro* 25, 4, 1 neben *meres* 21, 1, 3 und nach langer silbe *stiurre* 3, 5, 1; *firru* 15, 1, 4, *suarrer* etc. 16, 3, 1; 6, 2. 20, 2, 3; *lutmarreru* 19, 10, 4 *kafuarre* 22, 3, 4 und *uuizzinarra* 21, 3, 2 neben *fuarinti* 4, 3, 4, *fuaremes* 24, 9, 4; *tiuremo* 26, 9, 3 und *charchare* 1, 1, 3; *altare* 21, 2, 2; *unheilara* 22, 4, 4.

II. Flexion.

A. Substantiva.

1. *a*-stämme. Die masculina und neutra der einfachen *a*-stämme weichen in nichts von der gewöhnlichen flexion ab: gen. sg. -*es*, dat. -*e*, instr. -*u* (*atumu, mezu, uuochru*); gen. pl. -*o*, dat. -*um* 10 mal, -*ū* 4 mal, -*un* 2 mal (*scalchun, pantirun*), endlich -*am* in *kaheizzam* 5, 5, 3. Von den bei masc. und neutr. verschiednen casus sind zu bemerken die beiden acc. sg. m. *Adaman* und *Christan*, nom. acc. pl. m. auf -*a* 19 mal, einmal -*o*, *angilo* 17, 3, 2; von neutris der acc. pl. *pentir*, dat. *pantirun*.

Von *va*-stämmen sind nur die gen. sg. *seuues, palouues*, der dat. *reuue*, acc. sg. pl. *chniu* und acc. pl. *reuuir* belegt.

Von *ja*-stämmen kommen vor nom. acc. sg. auf -*i*, 7 masculine, 18 neutrale; gen. sg. n. auf -*s* 13 mal; dat. sg. auf -*e* 2 masc., 4 ntr.; nom. acc. pl. m. *unheilara, uuizzinarra*, ntr. *innodi, richi, kauuati, otmali*; dat. pl. n. *kauuatim* 21, 1, 2 und *uuizzum* 22, 3, 2; *chunnū* 7, 2, 4.

Die feminina flectieren folgendermassen: nom. acc. sg. -*a* ohne ausnahme; gen. sg. -*a* 17 mal, -*o* in *tiurido* 26, 6, 1, -*u* in *selu* 16, 6, 3;

dat. sg. -*u* 17 mal, -*a* in *tiurida* 26, 10, 2?, -*o* in *chorungo* 2, 10, 1; *hellacruapo* 21, 6, 2; *stīmo* 27, 2, 4; nom. acc. pl. -*o*: *kcbo* 6, 7, 3; *manalicho* 15, 4, 4;. *firino* 20, 1, 4; *sunto* 20, 5, 3. 23, 2, 4; *kiuualtido* 27, 2, 2; gen. pl. -*ono* 6 mal, dat. pl. -*om* in *hizzom* 4, 4, 2; *cuuom* 7, 1, 3. 15, 1, 1; *stuntom* 12, 1, 3; *hellom* 24, 1, 1; *ruachō* 15, 1, 3; -*on* in *stimmon* 2, 6, 4 etc.; *stunton* 9, 4, 1 etc.; *marchon* 13, 1, 2; *ruachon* 15, 3, 2; *chlauuon* 22, 4, 3.

2. *i*-stämme. Von masculinis kommen ausser nom. acc. sg. vor 5 dat. sg. auf -*e*, die nom. acc. pl. *falli* und *zuakangi*, und die dat. pl. *plastim*, *lauftim*, *slegim*, *uuaftim*.

Von femininis sind belegt 25 gen. sg., 16 dat. sg., 20 nom. acc. pl., sämmtlich auf -*i*; die gen. pl. *prustio*, *chteo*, *uueraltco*, *zitco*, endlich die dat. pl. *hchtim*, *huctim*, *inhuctim*, *creftim*, *siyinunftim*; *fizusheitī*, *frehtī*, *ҫhreftī*. Schwächung des -*m* zu -*n* ist also bei den *i*-stämmen noch nicht eingetreten.

3. *u*-stämme. Nur wenige alte formen sind erhalten: es finden sich nom. acc. sg. *sun*, gen. sg. *frido* 8, 8, 1; dat. sg. *sune* neben *suni* 19, 12, 2 und *fuazziu* 19, 2, 3, schliesslich der acc. pl. *fuazzi*. Von femininis ist nur der gen. sg. (?) *henti* erhalten, der bereits bei der *i*-declination mit berechnet ist.

4. *n*-stämme. Die masculina bilden den nom. sg. wie gewöhnlich auf -*o*, gen. dat. sg. auf -*in* zusammen 17 mal, darunter die umgelautete form *henin* 25, 6, 1; acc. sg. auf -*un*, *lihamun*, *manun*, *namun*, *scimun*, *uunnigartun*, doch auch *egison*; nom. acc. pl. -*un* in *potun*, *kiozun*, *schalchilun*, *urchundun* und auf -*on* in *discon*, *lihamon*, gen. pl. auf -*ono* 6 mal, den dat. pl. auf -*om*, *potom* 11, 2, 3. 13, 3, 2; *scolom* 24, 11, 3; *sucrom* 19, 4, 2 und -*on* in *poton* 19, 7, 2; *scimon* 2, 3, 2.

An formen der neutra sind belegt nom. sg. *herza*, dat. sg. *hercin*, nom. acc. pl. *herzun*, *oucun*, dat. pl. *herzon*.

Bei den femininis auf -*a* gilt für gen. dat. acc. sg. und nom. acc. pl. durchgängig die endung -*un*, nur einmal weicht der acc. sg. *sccitilon* 2, 3, 3 ab. Sonst kommen noch vor die gen. pl. *chirichono*, *uuntono* und die dat. pl. *hanthcizzom* 3, 3, 1; *chuuenom* 19, 6, 2 neben *speichon* 2, 3, 2; *uunton* 19, 10, 1.

Die feminina auf -*i* sind, abgesehen vom dat. pl. (gen. pl. kommen nicht vor) indeclinabel und haben stets -*i*, nie -*in;* jedoch im dat. pl. die flectierten formen *finstrinum* 14, 2, 3; *mendinum* 15, 3, 2; *hohinum* 17, 2, 4.

5. Die übrigen consonantischen stämme bieten wenig bemerkenswertes. Von stämmen auf -*r* kommt vor *fater*, auf -*nt fiant, heilant, helfant, sigufaginont, sceffant*, von femininis auf -*t* nur *naht*. Die einzelnen formen sind im index verzeichnet.

B. Adjectiva und participia.

Die *a*- und *ja*-stämme unterscheiden sich nur in der unflectierten form, die bei letztern wie bei den entsprechenden substantiven stets auf -*i* ausgeht. Rücksichtlich der unflectierten form bemerke ich voraus, dass dieselbe bei den participien weit stärker hervortritt als bei den adjectiven. Denn während bei den adjectiven die unflectierten formen sich zu den stark und schwach flectierten des nom. sg. verhalten, wie 35 : 55 : 23, so gestaltet sich diese verhältnisreihe für die participien um zu 66 : 28 : 5; namentlich die schwache declination tritt also bei den participien sehr zurück. Bei den adjectiven hat sich die unflectierte form am ausgedehntesten im neutrum erhalten, nämlich 15 mal neben 11 stark flectierten, während die betreffenden verhältniszahlen für masc. und fem. 12 : 36 und 8 : 19 sind.

Was die flectierten formen angeht, so sind deren endungen folgende:

	masc.	fem.	ntr.
sg. nom.	er	iu	az
gen.	es	era	es
dat.	emu	eru	emu
acc.	an	a	az
pl. nom. acc.	e	o	iu
gen.		ero	
dat.		em	

Ausnahmen hiervon sind nur nom. sg. f. *einu* 10, 4, 3; gen. sg. f. *thineru* 24, 2, 3; dat. sg. m. n. *lutremo* 2, 10, 3; *luzzilemo* 10, 3, 4; *nahtlichemo* 24, 12, 1; *kerihtemo* 27, 7, 1; *singantemo* 25, 4, 4; 6, 1. *tiuremo* 27, 9, 3; *uuihemo* 24, 16, 4. 25*, 1, 3 und *apanstigamu* 3, 4, 2;

kedchtamu 24, 5, 4 (vgl. auch *desamu* 9, 4, 1. 15, 3, 4. 21, 7, 2; *desamo* 16, 6, 2) und ganz vereinzelt *ubaruunnomo* 27, 7, 1 gegenüber etwa 55 -*emu*; dat. sg. f. *ostarlichero* 19, 9, 1; *eochalichera* 10, 4, 3; acc. pl. m. *dina* 14, 3, 2. 16, 5, 3; acc. pl. n. *dinu* 5, 3, 1; gen. pl. *kalaubigeru* 8, 3, 1; *uuiheru* 23, 2, 1; dat. pl. *kalaubigen* 12, 2, 1; *unkalaupigen* 20, 2, 1; *quhedenten* 23, 1, 2; *pisliften* 25, 6, 4. Die schwache declination der adjectiva weicht nicht von der der substantiva ab: es sind indes bei weitem nicht alle casusformen belegt. Ich bemerke hier nur den dat. pl. *eriston* 8, 1, 2 der schwächung wegen. Die pronominalformen siehe im index.

C. Verbum.

Der infinitiv der starken verba hat unflectiert stets die endung -*an* bewahrt, in der flexion erscheint einmal *kaschenne* 19, 6, 4 neben 3 maligem -*anne(s)*. Auch im part. präs. hat sich das *a* der endung gröstenteils noch ungeschwächt erhalten, ich zählte etwa 40 -*anti* etc. gegen 4 -*enti*, *chucmentemu* 1, 10, 3; *stredentemu* 12, 1, 2; *quhedenten* 23, 1, 2; *kepenter* 24, 15, 2; in allen vier fällen weist hier wie oben beim inf. die stammsilbe ebenfalls *e* auf. Weiter fortgeschritten ist die schwächung bei den verbis auf -*jan*. Hier finden sich *dulten*, *lutten*, *terrennes* neben *ferscurgan*, *keterran*, *pittanne*, *kelaupanne*, *arlosanne*, die volleren formen auffallenderweise ausser *pittanne* alle in B, das doch sonst jüngere sprachformen zu zeigen pflegt als A. Im part. präs. dagegen finden wir diesem angedeuteten verhältnis ferner entsprechend 10 -*anti*, 11 -*enti* in A, 4 -*anti*, 5 -*enti* in B; dazu kommt dann noch *fuarinti* 4, 3, 4, vgl. z. b. *mezzinti* K. 40, 6; *mendinti* Jc. Nyer. 242, *teilinti* ib. 243, *smelzinti* Rd. Jb. 685. In der 3 pl. ind. präs. steht noch ausnahmslos -*ant*, auch bei schwachen verbis: *chussant*, *lutant*, *pisizzant*; dagegen hat in der 1 pl. ind. präs. das *e* schon stark um sich gegriffen. B hat nur -*emes*, 4 mal bei starken, 5 mal bei schwachen verbis; A von starken verbis 5 mal -*ames*, einmal -*emes*, *farlazzemes* 2, 9, 4, von schwachen 6 mal -*ames* in *pittames*, 6 mal -*emes*. Das -*an* des part. prät. der starken verba bleibt meist unversehrt; nur *kanozzeniu* 20, 8, 3; *ungimezenera* 27, 5, 3 haben das *a* zu *e* geschwächt, und in *ubaruunnomo* 27, 7, 1 scheint das *a* ganz unterdrückt zu sein.

Die bildung der präterita im starken verbum bietet nichts auffallendes; von reduplicierenden kommt nur *ànfingi* 26, 6, 3 vor. Von kurzsilbigen verbis auf *-jan* findet sich nur die eine präteritalform *kastuditos* 5, 1, 4. Die langsilbigen syncopieren stets das *i*: *uuanta; erchauftos, eruuahtos; kisuahta, arloste* (?); *erchauftis; karihti.* Im part. prät. ist in der unflectierten form nur einmal in *kasalt* 2, 8, 2 verkürzung eingetreten; sonst steht *-it*, z. b. *kiselit* 22, 4, 1; *kateilit erfullit, kizerrit, ungauuemmit, calaupit, kaleitit, archaufit, kiskentit; karostit:* in den flectierten casusformen aber stehen durchaus die formen ohne *i*, von denen ich die mit rückumlaut — und dieser tritt stets ein — gebildeten formen folgen lasse: *pidahte, archantemu, arlasctiu, arratte, kasuarztem, eruuahter.*

Im übrigen wird für die flexion im einzelnen folgende übersichtstabelle der belegten formen genügen:

		-*an*	-*jan*	-*én*	-*ôn*
präs. ind.	*sg.* 2.	is	is	…	…
	3.	it	it	et	ot
	pl. 1.	ames, emes	emes, ames	emes	omes
	3.	ant	ant	ent	ont
conj. sing.	2.	es	es	…	oes
	3.	e	e	ee	oe
	pl. 1.	em	em	eem	o(h)em
	3.	en	en	een	oen
imp. sg.	—		i	…	o
prät. ind. sg.	1.	—	ta	…	…
	2.	-i	(i)tos	etos	otos
	3.	—	ta	eta	ota
	pl. 1.	…	[to]mes	…	…
	3.	un	…	…	oton
conj. sg.	2.	is	tis	…	otis
	3.	…	ti	…	…

Ausnahmen hiervon sind nur die 1. pl. conj. *uuescn* 2, 8, 3, die 3. pl. conj. *cahaltan* 17, 3, 3, wenn sie nicht wie *faran* 19, 8, 3 für eine indicativform verschrieben ist, endlich die 3. sg. ind. *arloste* 10, 3, 4.

Die unregelmässigen formen der verba *pringan, eigan, magan, uuizzan; kan, stan; tuan, uuesan*, die hier nicht mit berücksichtigt wurden, s. im index.

HYMNEN.

I.

Mediae noctis tempore
prophetica uox admonet:
dicamus laudes domino
patri semper ac filio,

Sancto quoque spiritui;
perfecta enim trinitas
uniusque substantię
laudanda nobis semper est.

Terrorem tempus hoc habet,
quo cum uastator angelus
egypto mortes intulit,
deleuit primogenita.

Haec hora iustis salus est,
quos ibidem tunc angelus
ausus punire non erat
signum formidans sanguinis.

Egyptus flebat fortiter
natorum dira funera,

1 Mittera nahti zite
uuizaclichiu stimma manot
chuuedem lop truh[ti]nc
fa[te]re simbulum ioh sune

2 uuihemu ouh atume
duruhnohtiu ka[uuis]so driunissa
ioh dera einun capurti
za lobone uns simbulum ist

3 egison zit daz hebit
demu do uuastio poto chundo
ęgypte toda ana prahta
farcneit eristporaniu

4 disiu uuila stunta rehtem heili ist
dea dare do poto
katurstic sclahan uuizzinon ni uuas
zeichan furihtanti pluates

5 [egypt uuaf]ta [starchli]cho
chindo chrimmiu reuuir

Ueberschrift INCIPIUNT HYMNI CANENDAE PER CIRCULŪ ANNI | HYM̄
AD NOCT DOMINICIS DIEBUS.
    I. *Daniel* 1, 42. 4, 26. *Morel no.* 35, b.   3, 3 *deleuit mit rasur aus &*
corrigiert.

    1, 4. 2, 4 simbulū   4, 3 sclahan *J. Grimm*] sclal chan, *das zweite* l *auf rasur, das erste wie es scheint erst nachträglich zwischengeschrieben.*   4, 4 zeichā
5, 1 egypt *ergänzt nach* 1, 3, 2; uuafta *statt des von J. Grimm vorgeschlagenen* uueinôta, *das in unserem denkmal nicht vorkommt, nach* uuofte *fletu* 25, 7, 4; uuafit *ululat* 19, 1, 4; starchlicho (*J. Grimm*) *nach* starchisto *fortissimus* 19, 2, 1 (*auch* starcho *würde genügen*).

solus gaudebat isra*he*l
agni protectus sanguine.

Nos uero isra*he*l sum*us*;
laetemur in te, dom*i*ne,
hostem spernentes et malu*m*,
christi defensi sanguine.

Ipsum pr*o*fecto tempus e*st*
quo uoce euangelica
uenturus sponsus credit*ur*,
regni cęlestis conditor.

Occurrunt s*a*nctę uirgines
obuia*m* tunc aduentui,
gestantes claras la*m*padas,
magno lętantes gaudio.

Stultę uero remanent
quę extinctas habent la*m*padas,
frustra pulsantes ianua*m*
clausa ia*m* regni regia.

(123ᵃ) Peruigilemus subric
gestantes mentes splendidas,
aduenienti ut ih*es*u
digni occurramus obuiam.

[ei]no [mand]ta [israhel]
[lam]bes [kascirm]t*er* [plua]te

6 uuir auur israhel liut pirum
frauuoem in dir truhtin
fiant farmanente inti ubil
christes kascirmte pluate

7 selbaz kiuuisso zit ist
demu stimmi euangelisceru
chu*m*ftiger prutigomo calaupit ist
rihces himilisces felaho scheffo

8 iukagan louffant uuiho magadi
cagan denue chumfti
tragante heitariu liotfaz
mihileru froonte mendi

9 tulisco auur pilibant
deo arlasctiu eigun leotkar
aruun chlochonte turi
pilohaneru giu riches turi portun

10 (123ᵃ) duruch uuacheem triulicho
tragante muat heitariu
chuementemu daz heilante
uuirdige kakan lauffem kagani

6, 4 xpī, *und so stets abgekürzt* xp̄s, xpō, xpm̄, *für* Christus *usw.* 10, 4 aduenient*i mit rasur aus* em.

5, 3 mandta *habe ich statt* Hickes' (*d. h.* Junius') mendôta, *das ahd. nicht belegt ist, wegen* mendi gaudio 1, 8, 4 *etc. gesetzt; J.* Grimm *vermutete* frauuôta *oder* faginôta, *deren bedeutung jedoch weniger passt; s.* frauuôn *und* sigufaginôn *im index.* 5, 4 kascirmter (*J.* Grimm) *nach* 21, 3, 1. 7, 2 euan : gelisceru, *ein* l *und über dem* n ge *ausradiert.* 7, 3 chuftiger 8, 4 froonte, *das zweite* o *fast ganz abgerieben.* 9, 3 chlochonte *G*] hlochonte 10, 1 triulicho *braucht wol nicht verändert zu werden. J.* Grimm *wollte statt dessen* truclicho *oder* truhlicho *setzen, wegen* urtruhlicho sobrie 3, 6, 3, urtructe sobrii 4, 6, 1, urtrhuhtidu sobrietate 18, 3, 3; *doch vgl. oben s.* 13.

Noctisque medię tempore paulus quoque et silcas christum uincti in carcere conlaudantes soluti sunt.	11 ioh dera naht mittera zite paul auh inti sileas christ kabuntane in charcharc samant lobonte inpuutan uurtun
Nobis hic mundus carcer est. te laudamus, christe deus; solue uincla peccatorum in te, christe, credentium.	12 uns deisu uueralt charchari ist dih lobomes christ cot intpint pentir suntono in dih christ kalaupantero
Dignos nos fac, rex agie, uenturi regni gloria, ęternis ut mereamur te laudibus concinere.	13 uuirdige unsih tua chuninc uuiho chumftiges riches tiurida euigem daz kafrehtohem dih lobum saman singan

II.

Deus, qui cęli lumen es satorque lucis, qui polum paterno fultum brachio pręclara pandis dextera.	1 cot du der himiles leoht pist saio ioh leohtes der himil faterlichemu arspriuztan arme duruhheitarcru spreitis inluchis zesauun
Aurora stellas iam tegit rubrum sustollens gurgitem, humectis namque flatibus terram babtizans roribus.	2 tagarod sterna giu dechit rotan uf purrenti uuak fuhtem kauuisso plastim erda taufanter tauum
Currus iam poscit fosforus radiis rotisque flammeis, quod cęli scandens (123ᵇ) uerticem profectus moram nesciens.	3 reita giu fergot tagastern scimon speichon radum ioh lauginem daz himiles chlimbanter (123ᵇ) sceitilon dera uerti tuualun ni uuizzanter

---

12, 3 uincula   13, 1 nos *in feiner schrift zwischen* dignos *und* fac *nachgetragen*.   II. Daniel 1, 66.   4, 29; *nur in* O *erhalten*.   2, 4 babtizans *auf rasur*.   3, 3 cęlis cand*ens* ∥ d*ens übergeschrieben mit feiner schrift*.

11, 2 pa:ul, l *ausradiert*.   11, 3 crist charchare *auf rasur; wahrscheinlich stand vorher* charchre   12, 1 charchari; *es scheint zwischen dem* r *und* c *der senkrechte zug eines* k *ausradiert zu sein*.   II, 1, 2 saio: , h *radiert*   1, 4 duruh-; *das erste* u *ist durch einen fleck undeutlich geworden und daher ein zweites darübergesetzt*.

Iam noctis umbra linquitur, pol*um* caligo deserit, tipusq*ue* christi lucifer diem sopit*um* suscitans.	4 giu dera naht scato farlazzan ist himil tunchchali farlazzit pauchan ioh christes tagastern tac slafragan uucchenter
Dies dierum aius es lucisq*ue* lumen ipse es, un*um* potens per omnia, • potens in unum trinitas.	5 tac tago uuiher bist leohtes ioh leoht selbo bist ein maganti ´ubar al machtiger [ma]gantiu in ein driunissa
Te nunc, saluator, q*uesumu*s tibiq*ue* genu flectimus, patre*m* cum s*ancto* sp*iritu* totis rogamus uocibus.	6 dih nu heilant pittames dir ioh chniu piugames fateran mit uuihemu keiste alle*m* pitames stimmon
Pater, qui cęlos contenis, cantemus nunc nomen tuum; adueniat regnum tuu*m* fiatq*ue* uoluntas tua.	7 fater du der himila inthebis singem nu namun dinan az quheme richi dinaz uuerde ioh uuillo din
Hęc inquam uoluntas tua nobis agenda traditur, simus fideles sp*iritu* casto manentes corpore.	8 deser quuhad uuillo diner uns za tuanne kasalt ist uuesen triuafte ka[lau]bige atume kadiganemu uuesante lichamin
Panem nostrum cottidie de te edendu*m* tribue, remitte nobis debita ut nos nostris remittimus.	9 prot unseraz tagauuizzi fona dir za ezzanne kip farlaz uns sculdi eo so uuir unserem farlazzemes
Temptatione subdola induci nos ne siueris, sed puro corde supplices tu nos a malo libera.	10 chorungo pisuuicchilineru in caleitit unsih ni lazzes uzzan lutremo hercin pittente du unsihe fona ubile arlosi

---

7, 2 *nomen und darüber* nam*un auf rasur.*   8, 1 inquęm   10, 2 sineris

---

    5, 2 selbo *auf rasur.*   5, 6 machtiger. in ein, *dazu am rande* .gan-
tiu 6, 4 allē 7, 2 nam*un auf rasur, s. oben.* 8, 1 quuahd 8, 2 tuuanne;
s. 4, 5, 1. 8, 3 triuafte 9, 1 uuseraz *auf rasur.* 10, 3 uzan *J. Grimm*]
unzan.

III.

Splendor paternę glorię,
de luce lucem proferens,
lux lucis et fons luminis,
dies dierum inluminans,

Uerusque sol inlabere,
micans nitore perpeti,
inbarque sancti spiritus
infunde nostris sensibus.

(124*) Uotis uocemus et patrem,
patrem perennis glorię,
patrem potentis gratię,
culpam religet lubricam.

Informet actus strinuos,
dentem retundet inuidi,
casus secundet asperos,
donet gerendi gratiam.

Mentem gubernet et regat
casto fideli corpore,
fides calore ferueat,
fraudis uenena nesciat.

Christusque nobis sit cybus
potusque noster sit fides;
lęti bibamus subrię
ebriętatem spiritus.

Laetus dies hic transeat,
podor sit ut diluculo,
fides uelut meridies,
'crepusculum mens nesciat.

1 schimo faterlicher tiurida
fona leohte leoht fram pringanter
leoht leohtes inti prun[n]o leohtes
tak tago leohtanter

2 uuarhaft ioh sunna in slifanne
scinanter scimin clizze emazzigemu
ioh heitarnissa uuihes atumes
in giuz unserem inhuctim

3 (124*) hantheizzom namoem inti fate-
fateran euuigera tiurida   ran
fateran mahtigera hensti
sunta kapinte sleffara

4 kascafoe katati kambaro
zan uuidar pliuue apanstigamu
falli kapruche sarfę
gebe tragannes anst

5 muat stiurre inti rihte
kadiganemu triuaftemu lihamin
kalauba hizzu strede
notnunfti heitar ni uuizzi

6 christ ioh uns si muas
lid joh unser si kalauba
froe trinchem urtruhlicho
trunchali atumes keistes

7 frauuer tak deser duruh fare
kadigani si eo so frua in morgan
kalauba eo so mitti tak
dhemar muat ni uuizzi

 d
III. *Daniel* 1, 24. *Mone* 1, 373.   2, 4 infun : e   6, 4 ebriętateḿ

III, 1, 3 pruno   2, 1 ins. lifanne   2, 2 scimin *J. Grimm*] scimun clizze steht unter dem lat. worte.   3, 1 namoem, das o *auf rasur*, das c *aus* o *corrigiert*.   6, 3 urtruhlicho *auf rasur*.   7, 2 fruo *corrigiert in* a.

E. Sievers, Murbacher hymnen.   3

Aurora cursus prouehit,
aurora totos protegat,
in patre totus filius
et totus in uerbo pater.

8 tagarod lauft fram fuarit
tagarod alle scirme
in fatere aller sun
inti aller in uuorte fater

IV.

Aeterne lucis conditor,
lux ipse totus et dies,
noctem nec ullam sentiens,
natura lucis perpete.

1 euuiges loohtes sceffento
leoht er selbo aller inti tak
naht noc einiga intfindanter
kapurt leohtes emazziges

Iam cedet pallens proximo
diei nox aduentui,
obtundens lumen siderum
adest et clarus lucifer.

2 giu intlazit pleichenti nahemu
tage naht chumfti
kagan pliuuanti leoht-himilzeichano
az ist inti heitarer tagastern

Iam strato lęti surgimus
grates canentes et tuos,
quod cecam noctem uicerit
reuectans rursus sol diem.

3 giu stroe frauue arstames
dancha singante inti dine
daz plinta naht karihti
auuar traganti uuidar fuarinti auur
sunna tak

(124ᵇ) Te nunc nec carnis gaudia
blandis subrepant estibus,
dolis nec cedat seculi
mens nostra, sancte, quęsumus.

4 (124ᵇ) dich nu noc fleisges mendi
sclehtem untar sliufen hizzom
fizusheitim noh henge uueralta
muat unser uuiho pittames

Iram nec rixa prouocet,
gulam nec uenter incitet,

5 kapuluht noc paga kakruazze
kitagi noh uuamba kaanazze

8, 2 totus   IV. *Daniel* 1, 39.   4, 29.   4, 3 cedant   4, 4 s̄cā

8, 1 fräfuarit   IV, 1, 3 einiga *auf rasur.*   3, 4 × auuartraganti, *dazu*
× uuidarfuarinti *am rande.*   4, 2 sclehtē   4, 3 fizusheitī   *J. Grimm schreibt*
uueralti; *vielleicht aber fasste der übersetzer* seculi *als nom. pl. auf und gebrauchte*
uueralt *als masc. wie Hel.* 5624 obar thesan uuerold alla[n]; 5631 obar thesan uui-
dun uueruld; *Älfreds Metra* 10, 70 gif hine gegrîpan môt se êca deáđ äfter þissum
worulde. *An einen nach analogie der* a-*stämme gebildeten nom. pl. fem. darf nicht
gedacht werden, da dieser* uueralto *zu lauten hätte, wie* kebo 6, 7, 3; firino 20, 1, 4;
sunto 20, 5, 3. 23, 2, 4; kiuualtido 26, 2, 2 *zeigen.*   5, 1 kakruuazze; *s.* 2, 8, 2.

opum peruertat nec famis,
turpis nec luxus occupet.

Sed firma mente subrii
casto manentes corpore
totum fidele spiritu
christo ducamus hunc diem.

ehteo pisturze noh hungar
unchusger noc flusc pifahe

6 uzzan festemu muate urtructe
cadiganemu uuesante libamin
allan kalaubigemu atume
christe leittem desan tak

V.

Fulgentis auctor aetheris,
qui lunam lumen noctibus,
solem dierum cursibus
certo fundasti tramite.

Nox atra iam depellitur,
mundi nitor renascitur,
nouusque iam mentis uigor
dulces in actos eregit.

Laudes sonare iam tuas
dies relatus admonet,
uultusque celi blandior
nostra serenat pectora.

Uitemus omne lubricum,
declinet praua spiritus;
uitam facta non inquinent,
linguam culpa non inplicet.

Sed sol diem dum conficit,
fides profunda ferueat,
spes ad promissa prouocet,
christo coniungat caritas.

1 scinantes ortfrumo himiles
du der manun leoht nahtim
sunnun tago lauftim
kauuissemu kastuditos fade

2 naht suarziu giu fartripan ist uuirdit
uueralti sconi cliz itporan uuirdit
niuuer ioh giu muates uuahsamo
suazze in tati arrihctit

3 lop lutten giu dinu
tak auur pru[n]ganer motit
antluzz[i] ioh himiles slectera
unsaro heitarit prusti

4 midem eogalicha sleffari
kanige abahiu atum keist
lip kitati ni unreinnen
zunga sunta ni in kifalde

5 uzzan sunna tak denne kituat
kilauba tiufiu strede
uuan za kaheizzam cacruaze
criste kafuage minna

5, 4 turpis *aus* b *mit rasur corrigiert.* V. *Daniel* 1, 43. 4, 15. 2, 3 q;
mit feiner schrift nachgetragen. 3, 4 serena*t mit feiner schrift nachgetragen.*
4, 1 lubricum *auf rasur.* 4, 3 factā 4, 4 culpā

6, 4 leittē V, 3, 2 pruganer *J. Grimm änderte ohne not* motit *in*
manôt; môtan *ist got.* maudjan, gamaudjan ὑπομιμνήσκειν, ἀναμιμνήσκειν. 3, 3
antluzz 4, 2 atū 4, 4 zunga *auf rasur, das* g *für* z.

VI.

De*us* aeterne luminis,
candor inenarrabilis,
uenturus diei iudex,
q*ui* m*en*tis occulta uides:

1 cot euuiges leohtes
sconi unrachaft
chumftiger tages suanari
du der muates tauganiu kasihis

Tu regn*um* cęlorum tenes
et totus in uerbo tu es,
p*er* filium cuncta regis,
san*cti* sp*iritu*s fons es.

2 du richi himilo hebis
inti aller in uuorte du bist
duruc sun alliu rihtis
uuihes atumes prunno pist

(125*) Trinum nomen, alta fides,
unu*m* p*er* omnia potens,
miru*m*qu*e* p*er* sign*um* crucis
tu rector inme*n*se lucis.

3 (125*) drisgi namo hoiu kalauba
ein uber duruch alliu mahtiger
uuntar ioh duruh zeichan crucez
du rihto unmezziges leohtes

Tu mundi constitutor es,
tu septimo throno sedes,
iudex ex alto humilis
uenisti pati pro nobis.

4 du uueralti kasezzento pist
du sipuntin anasedale sizzis
suanari fona hoi nidares
chuami dulten pi unsihc

Tu sabaoth om*ni*pot*en*s,
osanna su*m*mi culminis,
tibi laus e*st* mirabilis,
tu rex primus anastasis.

5 du herro almahtigo
kahalt oponontiges firstes
dir lop ist uuntarlih
du chuninc cristo urristi

Tu fidei auditor es
et humiles tu respicis,
tibi alte sedis thronus
tibiq*ue* diuinus est honor.

6 du dera calauba helfant pist
inti deodrafte du sihis
dir hohes sezzes anasidili
dir ioh kotcund ist hera

Christo aeternoque deo
patri c*um* san*c*to sp*iritu*

7 cr[is]te euuigemu ioh [co]te
[fate]re mit [uuihe]mu atume

VI. *Daniel* 1, 68. 4, 29.   2, 3 regis *klein übergeschrieben*.   3, 1 t: rinum,
u *ausradiert*.   3, 4 rectortor *auf rasur*.   4, 1 constitor   5, 3 ē *klein übergeschrieben*.   6, 1 auditor *die hss.; der übersetzer dachte an* adiutor.   6, 4 diuinus *auf rasur;* diuus? *oder besser mit der hs. des Thomasius* que *zu streichen*?

---

                n
VI, 2, 4 pruno   3, 2 duruch *steht über* uber   4, 2 sinpuntin ana sedale?
5, 3 bop est   6, 1 pist *mit rasur aus* b *corrigiert*.   7, 2 atumes, *das* t *und der erste zug des* u *auf rasur*.

VII.

uito soluamus munera
a sęculis in sęcula.

Christe cęli domine,
mundi saluator maxime,
qui nos crucis munere
mortis soluisti legibus.

Te nunc orantes poscimus:
tua conserues munera,
quę per legem catholicam
cunctis donasti gentibus.

Tu uerbum patris aeterni
ore diuino editus,
deus ex deo subsistens,
unigenitus filius.

Te uniuersa creatura
mundi fatetur dominum,
iusso patris inchoata,
tuis perfecta uiribus.

Tibi omnes angeli
cęlestem prestant gloriam,
te chorus archangelorum
diuinis laudant uocibus.

(125ᵇ) Te multitudo seniorum,
bis duodenus numerus,
odoramentis plenas gestant
suplex adorant patheras.

libes keltem kebo
f[ona uueral]tim [in uue]ralti

1 crist hi[mi]les t[ruh]tin
uueralti heilant meisto
der unsih crucez cifti
todes intpunti euuom

2 dih nu petonte pittemes
dino kihaltes gifti
deo duruhc euua allicha
allem kapi chunnum

3 du uuort fateres cuuiges
munde kotcunddemu ka[po]ran
kot fona kote untar uucsanti
einporano sun

4 dih alliu cascaft
uueralti sprichit tru[h]tinan
ka[po]te fa[te]res incunnaniu
dinem duruhctaniu creftim

5 dir alle angila
himiliska farlihant tiu[ri]da
dih zilsanc ar[changi]lo
kotkundem lobont stimmon

6 (125ᵇ) dih managi hererono
zuuiror zuueliuuinga ruaua
stanchum folle tragant
kanigano zua petont chelicha

VII. *Daniel* 1, 46.   1, 1 *nach* Christe *ist* rex *ausgefallen*, *ebenso* 1, 3 hoc
nach nos.   3, 3 subsistens *auf rasur für* t   4, 4 perfectis   6, 2 duådenus
6, 4 *l.* gestaus *J. Grimm.*   6, 4 *l.* adorat *J. Grimm.*

VII, 2, 3 allicha: , n *ausradiert*.   2, 4 chunnū   3, 2 kote. *auf rasur*.
kaporan (*Junius, J. Grimm*) *ergänzt nach* keporan *editum* 24, 5, 1; *die hs. hat*
ko ron   4, 1 :: cascaft, se *ausradiert*.   4, 2 trutinau   4, 3 dinē   5, 4 kotkundē

Tibi cerubin et syraphin,	7 dir cerubyn inti siraphin
throni paterni luminis,	anasidili fat*er*liches leohtes
senis alarum plausibus	sehsim feddhacho slegim
clamore iugi p*er*sonant.	ruafte simbligemu lutant
Sanc*tu*s sanc*tu*s sanc*tu*s	8 uuiho uuiho [uuiho]
dom*i*nus d*eu*s sabaoth	t[ruh]tin kot herro
omne cęlum atque terra	cocalihc himil inti ioh herda
tua sunt plena gloria.	dinera sint fol tiurida
Osanna fili dauid,	9 kahalt sun d[aui]des
benedictus a patre,	kauuihto fona fatere
qui in nomine d*e*i	du der in namin kotes
uenisti de excelsis, dom*i*ne.	chuami fona hohinum t[ruh]tin
Tu agnus inmaculatus	10 du lamp uugauuemmit
datus terrę uictima,	kakepan erdu frisginc
qui sanc*t*orum uestimenta	du der uuihero kauuati
tuo lauisti sanguine.	dinemu uuasgi pluate
Te multitudo beatoru*m*	11 dih managi saligero
cęlo locata martirum	himile kastatot urchundono
palmis signis et coronis	siginumftim zeichanu*m* inti hohubit-pantu*m*
ducem sectant*ur* glorię.	leitid folgent tiurida
Quorum nos addas numero	12 dero unsih zua katues ruauu
te deprecamur, dom*i*ne,	dih pittames t[ruh]tin
una uoce desonamus,	eineru stimnu kaluttemes
uno laudamus carmine.	einemu lobomes sange

VIII.

Diei luce reddita	1 tago leohte arkepanemu
primis post somnum uocib*us*	eriston haft*er* slafe stimmon
d*e*i canamus gloria*m*	kotes singem tiurida
christi fauente gratia.	christes helfantern ensti

12, 4 laudamus *aus* e *corrigiert.*   VIII. *Daniel* 1, 68.

7, 2 fat'liches   8, 3 h'erda   9, 4 foha   10, 2 frisginc *nach s.* 17. 18, friscing *J. Grimm*] friscgin   11, 3 zeichanu   hohubitpanta   1, 2 haft'

Per quem creator omnium diem noctemque condidit, eterna lege sanctiens, ut semper succedant sibi.	2 duruh den sceffento allero tak naht ioh scaffota euuigeru euu heilagonti daz simblum folgeen im
Tu uera lux fidelium, quem lex ueterna non tenet, (126ᵃ) noctem nec orto succedens eterno fulgens lumine.	3 du uuaraz leoht kalaubigeru den euua altiu ni hebit (126ᵃ) naht noh ufgange folgenti euuigemu scinanti leohte
Christe, precamur, annue orantibus seruis tuis, iniquitas hec seculi ne nostram captiuet fidem.	4 christ pittames pauchini petontem scalchum dinem unreth desiu uueralti ni unsera cilentoe ka[lau]pa
Non cogitemus impie, inuideamus nemini, lesi non reddamus uicem, uincamus in bono malum.	5 ni denchem suntlicho apastohem kataroe[m] neomanne katarote ni keltem kaganlon karichem in kuate ubil
Absit nostris e cordibus ira dolus superbia, absistat auaritia, malorum radix omnium.	6 fer si unserem fona herzon kapuluht fizusheit keili fer stante frecchi ubilero uurza allero
Uinum mentem non occupet ebrietate perpeti, sed nostro sensui conpetens tuum bibamus poculum.	7 uuin muat ni pihabee trhunchali emazziger[u] uzzan unsaremu inhucti kalimfanti dinaz trinchem lid
Consoruct pacis federa non simulata caritas, sed inlibata castitas credulitate perpeti.	8 kahalte frido uuiniscaf ni kalichisotiu minna uzzan unpauollaniu kadigani kalaubu emazzigeru

---

3, 1 fide : liu   3, 2 tenet *auf rasur?*

2, 1 seffento   2, 4 folgeeen, *das mittelste e aus t corrigiert.*   4, 2 scalchu
4, 3 cilentoe; *vgl.* captiuata caelilentot 21, 5, 3.   5, 2 kataroe *mit verweisungszeichen am rande.*   6, 1 unserē fona:, h *ausradiert.*   7, 2 emazziger   7, 4 trinchē
8, 4 emazzigeru *aus* i *oder dem ersten zuge eines* u *gemacht.*

Addendis non sit prediis
malesuada sem*per* famis,
si affluaut diuitie,
proph*e*te nos psal*mus* regat.

Presta, pater ingenite,
totum ducamus iugiter
christo placentes hunc diem
s*ancto* repleti sp*iritu*.

9 za auchonne ni si hehtim
hupilo spano simbulum hungar
ubi uparcussoen otmali
uuizzagin unsih salmo rihte

10 farlihe fater ungaporono
allan leitem amazzigo
christe lichente desan tak
uuihemu arfulte atume

IX.

Postmatutinis laudibus,
quas trinitati psallim*us*,
psallamus rursus admonet
uerus pater familias.

Simus semper solliciti
ne p*re*tereat opus d*e*i,
sed oremus sedule
sic*ut* docet apostolus.

(126ᵇ) Psallamus mente do*mi*no,
psallamus simul et sp*iri*t*u*,
ne uaga mens in turpibus
inertes tegat animos.

Sed septies in hac die
dicam*us* laudes do*mi*no,
diuinitati perpeti
debita dem*us* glori*e*.

1 aft*er*morganlichem lopum
diu deru driunissu singames
singem auur manot
uuarer fat*er* hiuuisges

2 uuesem simbulu*m* sorgente
ni furi gange uuerahe kotes
uzzan petoem amazzigo
eo so lerit poto

3 (126ᵇ) singem muate tr[uhti]ne
singem saman inte atume
ni irri muat in unchusgem
unfruatiu dehe muat

4 uzzan sibun stuuton in desamu take
chuedem lop tr[uhti]ne
koteundi emazzigeru
sculdi kebem dera ti[uri]da

10, 3 p̍acentes   IX. *Daniel* 1, 44. 4, 40.   1, 2 quas *aus* o *corrigiert*.
2, 4 apostol*os*   3, 2 et *ist zu streichen*.

9, 1 hehtim *J. Grimm*] hentim   IX, 1, 1 aft'   1, 4 fat'   2, 1 simbulu
4, 2 chuedē   4, 4 kebe   dera *auf rasur*.

X.

Dei fide qua uiuimus,
spe perenni credimus,
per caritatis gratiam
christi canamus gloriam.

Qui ductus ora tertia
ad passionis hostiam
crucis ferens suspendia
ouem reduxis perditam.

Precemur ergo subditi,
redemptione liberi,
ut eruat a seculo
quos soluit a chirographo.

Gloria tibi trinitas,
equalis una deitas,
et ante omne seculum
et nunc et in perpetuum.

1 kotes kalaubu dera lebemes
uuane simbligemu kalaupemes
duruh dera minna ast
christes si[n]gem tiurida

2 der kaleitter stunta drittun
za dera druunga zebare
chruzes dultenti ufhengida
scaf auur prahta farlo[ra]naz

3 pittem auur deodrafte
urchauffe frige
daz arrette fona uueralti
dea arloste fona luzzilemu kascribe

4 tiurida dir driunissa
epanlichiu einu kotcundi
inti fora cochalichera uueralti
. inti nu inti euuon

XI.

Certum tenentes ordinem
pio poscamus pectore
hora diei tertia
trine uirtutis gloriam.

Ut simus habitaculum
illi sancto spiritui,

1 kauuissa habente antreitida
kanadigeru pittem prusti
stunta takes dritta
drisgera crefti tiurida

2 daz sin kapuid
demo uuihemu atume

X. *Daniel* 1, 71. 4, 353. *Morel no.* 36, p. 47, h. 1, 2 sp͞e, *nach* perenni *ist* qua *zu ergänzen.* 1, 4 gloria 2, 2 hostiā, *das* h *fein nachgetragen.* 3, 2 redemptione, *das* p *fein zwischengeschrieben.* XI. *Daniel* 1, 45. 4, 42. 1, 4 glorię

X, 1, 4 sigē 2, 1 kaleittˢ XI, 1, 1 kauuissa: , n *ausradiert.* 1, 2 kanadigē; *J. Grimm vermutete* kadigancru, *welches wort indes nur zur widergabe von* castus *dient;* kanadigeru *ist durch* kanadilose *impii* 19, 5, 4, *ferner durch die glosse* pius *herhaft* uuih kinadic *Jc.* 450, *gnada* pictate *Kero p.* 32, 5, *kenadich unde* rehtfrumich *pius et iustus Notker ps.* 100, 1 *hinlänglich gerechtfertigt.* pittē

qui quondam in apostolis
hac hora distributus est.

Hoc gradientes ordine
ornauit cuncta splendida
regni cęlestis conditor
ęterne uitę premio.

(127ª) Dicamus laudes domino
feruente prumptu spiritu:
hora uoluta sexies
nos ad orandum prouocat

Quia in hac fidelibus
uere salutis glorię,
beati agni hostia
crucis uirtutis redditur.

Cuius luce clarissima
tenebricat meridięs,
sumamus toto pectore
tanti splendoris gratiam

Perfectum trinum numerum
ternis horarum terminis
laudes canentes debitas
nonam dicentes psallimus.

Sacrum dei misterium
puro tenentes pectore,

der giu in potom
deseru stuntu kateilit ist

3 demu gangante hantreiti
kasconnota alliu sconniu
riches himilesges sceffant
euuiges libes lone

XII.

1 (127ª) chuedem lop t[ruhti]ne
stredentemu funsemu atume
stunta kiuualdaniu sehstuntom
unsih za petonne cruazzit

2 danta in deru kal[a]ubigen
uuarera dera heili t[iu]rida
saliges lambes zebar
chruzes chrefti harcheban ist

3 des leohte heitiristin
finstret mitti tak
neozzem alleru prusti
so michiles scimin ast

XIII.

1 duruhnoht drisca ruaua
drisgem stuntono marchom
lob singante sculdigiu
niunta uuila chuedente singames

2 heilac kotes karuni
reinemu habente prusti

3, 4 p̄mia   XII. *Daniel* 1, 45.   XIII. *Daniel* 1, 45. 4, 45.

    2, 4 stuntu; *der schreiber hatte zuerst zu einem* a *angesetzt.*   2, 4 kateilit ::: ist, ist *ausradiert.*   XII, 1, 1 chuedē   1, 3 *ein starkes verbum* uualdan volvere *ist zwar sonst nirgends belegt, doch wage ich nicht mit J. Grimm* kiuualdaniu *mit beziehung auf* 14, 1, 4 *in* kiuuollaniu *zu verändern; näher läge noch* kiuualzaniu   2, 1 kalubigen   2, 4 chref:ti

petri magistri regula
signo salutis prodita.

Et nos psallamus sp*iri*tu
adherentes apostolis,
qui plantas habent debiles,
christi uirtute dirigant.

D*eu*s, qui claro lumine
di*em* fecisti, do*mi*ne,
tuam rogamus gloria*m*
du*m* pronus uoluitur dies.

Iam sol urguente uespero
occasum suu*m* gradit*ur*,
mundu*m* concludens tenebris,
suu*m* obscruans ordine*m*.

Sed tu, excelse d*omi*ne,
precantes tuos famulos,
(127ᵇ) labores fessos diei
quietos nox suscipiat.

Ut non fuscatis mentibus
dies abscedat sęculi,
sed tua tecti gratia
cernam*us* luce*m* prosperam.

D*eu*s qui certis legibus
noctem discernis ac die*m*,
ut fessa curis corpora
somnu*m* relaxet otio.

peatres magistres spratta
zeichane dera heili kameldetiu

3 inti uuir singem atume
zua clibante potom
dea solun eigun lamo
christes chrefti rihten

XIV.

1 kot der heitaremu leohte
tak tati t[ruh]tin
dina pittames tiurida
denne framhalder uuillit sih tak

2 giu sunna peittentemu habandsterre
sedal ira kat
uueralt piluchanti finstrinum
sina picaumanti hantreiti

3 uzza[n] du hoher t[ruh]tin
pittente dina scalcha
(127ᵇ) harbeiti armuate tages
stille naht intfahe

4 daz ni kasuarztem muatum
tak kạlide uueralti
uzzan dineru pidahte ensti
sehem leoht pruchaz

XV.

1 [cot] der kauuissem euuom
naht untarsceidis ioh tak
daz muade ruacho*m* lihamun
slaf intlaze firru

    2, 4 signo *mit rasur aus* um *corrigiert*.   XIV. *Daniel* 1, 73.   3, 3 fessus   3, 4 nox *halb ausradiert*.   XV. *Daniel* 1, 42.

    XIII, 3, 3 solum   3, 4 rihtem   XIV, 1, 3 di:na , n *ausradiert*.   1, 4 deṇ framhalden   3, 1 uzza   XV, 1, 2 ü̎tarsceidis   1, 3 ruachō

Te noctis inter orride
te*m*pus pręcamur, ut sopor
mente*m* dum fessam declinet,
fidei lux inluminet.

Hostis ne fallax incitet
lasciuis curis gaudiis,
secreta noctis aduocans
blandus in isto corporę.

Subrepat nullus sensui
horror timoris anxii,
inludat mentem ne uaga*m*
fallax imago uisui.

Sed cum profundus uinxerit
somnus curarum nescius,
fides nequaquam dormiat,
uigil te sensus somniet.

Christe, qui lux es et die
noctis tenebras detegis,
lucisq*ue* lum*en* crederis
lum*en* beatis pręedicans.

Pręcamur, s*a*nctę dom*i*ne,
defende nocte ac die,
sit nobis in te requies,
quieta*m* noctem tribue.

Ne grauis somnus inruat
nec hostis nos subri - (128ᵃ) piat,

2 dih dera naht egislihera
  zit pittemes daz sc[l]af
  muat unzi den[ne] muadaz pihebit
  dera kalauba leoht kaliuhte

3 fiant ni lucer kacruazze
  uuanchonte*m* ruachon mendinum
  tauganiu dera naht kaladonti
  slecter in desamu lihamin

4 untar chręse niheiner inhucti
  egiso dera forhtun angustlichera
  ni triuge muat ni irraz
  lucci manalicho des kasiunes

5 uzzan dennę tiufer kapinte
  slaf ruachono [ni u]uizzanter
  kalauba neonaltre slafe
  uuacharer inhuct insueppe

XVI.

1 christ du der leoht pist inti take
  dera naht finstri intdechis
  leohtes ioh leoht kala[u]pit pist
  leoht saligem predigonti

2 pittemes uuiho t[rub]ttin
  scirmi nahte ioh tage
  si uns in dir rauua
  stilla naht gip

3 ni suarrer slaf ana pleste
  nec hostis unsih untar - (128ᵃ) chriffe

3, 4 corporę: 4, 2 horror, *das* h *fast ganz ausradiert.* 5, 2 cum *fein übergeschrieben.* profu : ndôs XVI. *Daniel* 1, 33. 4, 54. *Mone no.* 70. *Morel no.* 36, c.

2, 1 egis, *dazu am rande mit verweisungszeichen* lihera 2, 2 scaf 2, 3 den· *steht über* uuzi 3, 1 ni: , e *ausradiert.* 3, 2 uuanchontē 5, 2 *vor* uizzanter *eine rasur.* XVI, 1, 3 kalapit 3, 2 *über* nec hostis *steht von neuerer hand, wie es scheint von Junius geschrieben,* ni flant

nec illi consentiat,
nos tibi reos statuat.

Oculi somnum capiant,
cor semper ad te uigilet,
dextera tua protegat
famulos qui te diligunt.

Defensor noster, aspice,
insidiantes reprime,
guberna tuos famulos
quos sanguine mercatus es.

Memento nostri, domine,
in graui isto corpore,
qui es defensor animę
adesto nobis, domine.

noh imu kahenge
unsih dir sculdi[ge] kasezze

4 oucun sc[l]af intfahen
herza simbulum za dir uuachee
zesuua diniu scirme
scalcha dea dih minnont

5 scirmanto unser sih
lagonte kadhui
stiuri dina scalcha
dea pluate archauftos

6 gihugi unser t[ruh]tin
in suarremu desamo lichamin
du der pist scirmo dera selu
az uuis uns t[ruh]tin

XVII.

Meridię orandum est,
christus deprecandus est,
ut iubeat nos edere
de suo sancto corporę.

Ut ille sit laudabilis
in uniuerso populo,
ipse cęlorum dominus
qui sedet in altissimis.

Det nobis auxilium
per angelos mirabiles,
qui semper nos custodiant
in omni uita sęculi.

1 mittes takes za petonne ist
christ za pittanne ist
daz kabeote unsih ezzan
fona sinemu uuihemu lihamin

2 daz er si lobafter
in allemu liute
er selbo himilo t[ruh]tin
der sizit in hohinum

3 kebe huns helfa
duruh angilo uuntarlihe
dea simblum unsih cahaltan
in eocalihemu libe uu[e]ralti

3, 3 *nach* nec *ist* caro *ausgefallen.* 3, 4 tatuat 5, 2 reprime *auf rasur.*
XVII. *Daniel* 1, 72. 4, 44; *nur in O erhalten.* 3, 1 detque?

3, 3 kahenge *J. Grimm*] kahenne, *vgl.* henge cedat 4, 4, 3. 3, 4 sculdi
4, 1 scaf 4, 2 simbulū XVII, 2, 1 lobast' 2, 2 liute *auf rasur?* 3, 4
uuralti

XVIII.

Sic ter quaternis trahitur
horis dies ad uesperum,
occasum sol pronuntians
noctem redire temporum.

Nos ergo signo domini
tundimus casta pectora,
ne serpens ille callidus
intrandi adtemptet aditus,

Sed armis pudicitiae
mens fulta uigil liberis
(128ᵇ) subrietate comite
hostem repellat inprobum.

Sed nec cyborum crapula
tandem distendat corpora,
ne ui per somnum animam
glorificata polluat.

AURORA lucis rutilat,
cęlum laudibus intonat,
mundus exultans iubilat,
gemens infernus ululat,

Cum rex ille fortissimus
mortis confractis uiribus
pede conculcans tarthara
soluit catena miseros.

1 so driror feorim kazokan ist
stunton tak za habande
sedalcanc sunna fora cundenti
naht ueruan ziteo

2 uuir auur zeichane t[ruhti]nes
pliuames cadigano prusti
min natra der fizuser
incannes kachoroe zuakangi

3 uzzan uuafanum kahaltini ... agini
muat arspriuzzit uuachar friiem
(128ᵇ) urtrhuhtidu kasinde
fiant uuidar scurge unchuscan

4 uzzan noh muaso uuaragi
uuennco kadenni lihamon
ni uoti duruh sclaf sela
katiurta kauuemme

XIX.

1 tagarod leohtes lohazit
himil lopum donarot
uucralt feginontiu uuatarit
suftonti pęch uuafit

2 denne chuninc der starchisto
todes kaprochanem chreftim
fuazziu katretanti hellauuizzi
intpant chetinnu uuenege

XVIII. *Daniel* 1, 81. 1, 1 trhaitur 1, 3 pronumtians, *das* m *in* n *corrigiert; es ist* pronuntiat *zu lesen.* 3, 2 uigel *corrigiert in* i. XIX. *Daniel* 1, 83. 4, 72. *Mone nv.* 141. *Morel no.* 74, p. *Von einer hand des 14. jahrh. als federprobe die überschrift* Imnus depasione dni

---

XVIII, 3, 1 ... agini *mit verweisungszeichen am innern rande; die ersten buchstaben unlesbar.* 3, 2 auspriuzzit 4, 3 scaf¹ XIX, 2, 2 chreftī

Ille qui clausus lapide
custoditur sub milite,
triu*m*phans pompa nobile
uictor surgit de funere.

3 der der pilochaner steine
kahaltan ist untar degane
sigufaginont keili adallicho
sigouualta harstant[it] fona reuue

Solutis ia*m* gemitibus
et inferni dolorib*us*
quia surrexit dom*i*n*us*
splendens clamat angelus.

4 arlostem giu uuaftim
inti peches suerom
danta arstuant t[ruh]tin
scinanter haret eingil

Tristes erant apostoli
de nece sui dom*i*ni,
quem poena mortis crudeli
seui damnarunt impii.

5 cremizze uuarun potun
fona sclahtu iru t[ruh]tines
den uuizze todes crimmemu
sarfe uuizzinoton kanadilose

Sermone blando angelus
pr\ędicit mulierib*us*:
in galilea dom*i*n*us*
uidendus est quantotius.

6 uuorte slehtemu angil
fora chuuidit chuuenom
in galilea in kauimizze t[ruh]ttin
za kasehenne ist so horsco

Ille dum pergunt concite
apostolis hoc dicere,
uidentes eum uiuere
osculant pedes dom*i*ni.

7 deo denne farant radalicho
poton daz chuuedan
kasehante inan lepen
chussant fuazzi tru[h]tines

Quo agnito discipuli
in galilea propere
(129ᵃ) pergunt uidere faciem
desideratam dom*i*ni.

8 demu archantemu discon
in geuimezze ilico
(129ᵃ) farant sehan antluzzi
kakerotaz t[ruh]tines

Claro paschale gaudio
sol mundo nitet radio,
cum christum iam apostoli
uisu cernunt corporeo.

9 heitaremu ostarlichero mendi
sunna reinemu scinit scimin
denne [chris]tan giu potun
kasiune kasehant lichanaftemu

3, 1 clausus *auf rasur für* d.   7, 3 :::eum *auf rasur.*   8, 3 faeiem

3, 2 kahaltant   3, 3 sigufaginont *braucht man wol nicht in* sigufaginonti *zu ändern; es ist wol als substantiviertes particip zu betrachten.* adallicho; *J. Grimm vermutet frageweise* adallicheru; *der übersetzer aber fasste sicher* nobile *als adverbium auf.*   3, 4 harstantit *J. Grimm*] harstant   5, 2 ti tines, *das erste* ti *in ligatur.*   7, 4 trutines   8, 3 faran   9, 1 am *äussern rande von später hand die federprobe* Landolt.

Ostensa sibi uulnera
in christi carne fulgida
resurrexisse dom*i*num
uoce fatetur publica.

Rex christe clementissime
tu corda nostra posside,
ut tibi laudes debitas
reddamus omni tempore.

D*e*o patri sit gloria
eiusque soli filio
cum sp*iri*tu paraclito
et nunc et in perpetuum.

Hic est dies uerus d*e*i
sa*n*ctu*s* serenus lumine,
quo diluit sanguis sacer
p*r*obrosa mundi crimina,

Fidem refundens perditis
cecosq*ue* uisu inluminans:
que*m* non graui soluat metu
latronis absolutio?

Qui premio mutans crucem
ih*esu*m breui adquesiuit fide
iustusque preuio gradu
p*re*uenit in regno dei.

Obstupent et angeli
poena*m* uidentes corpore,
christumq*ue* adherentem reo
uitam beatam carpere.

10 kaauctem im uunton
in christes fleisge perahtemu
arstantan t[ruhti]nan
stimmu sprichit lutmarreru

11 chuninc christ kanadigosto
du herzun unsariu pisizzi
daz dir lop sculdigiu
keltem cochalichemu zite

12 kote fatere si tiurida
sine[mu] ioh cinin suniu
mit atumu pirnantin
inti nu inte in euun

XX.

1 deser ist tak uuarer cotes
uuiher heitarer leohte
demu uuase pluat uuihaz
ituuizlicho unc[hus]ko̒ uueralti firino

2 kalaupa kageozzanti unkalaupigen
plinte ioh kasiune inleohtanter
uuenan ni suarremu intpinte forhtun
diubes arlosida

3 der lone muzzonti chruci
heilant churteru kasuahta kalaubu
rehter ioh forakantemu staffin
qhuam in richi cotes

4 stobaroen inti engila
uuizzi kaschante lihamin
christ ioh zua chlibautan karasentemu
lip saligan zogon

10, 4 *lies* fatentur   12 *fehlt bei Daniel.*   XX. *Daniel* 1, 49. 4, 17.
Mone no. 167. Morel no. 74, 1.   2, 4 obsolutio   4, 1 *l.* obstupeant

---

12, 2 sine   XX, 1, 4 unc ko *steht über* ituuizlicho   2, 2 pinte   2, 4
di: ubes   3, 1 mözzonti

Mysterium mirabile,
ut abluat mundi luem,
peccata tollat omnium
carnis uitia mundans caro.

(129ᵇ) Quid hoc potest sublimius,
ut culpa querat gratiam,
metumque soluat caritas,
reddatque mors uitam nouam.

Amum sibi mors deuoret
suisque se nodis liget,
moreatur uita omnium,
resurgat uita omnium.

Cum mors per omnes transeat,
omnes resurgant mortui,
consumpta mors ictu suo
perisse se solam gemat.

5 karuni uuntarlihc
daz kauuasge uueralti unreini
sunto neme allero
fleisges achusti reinnenti fleisc

6 (129ᵇ) uuaz diu mak hohira
daz sunta suahe ast
ioh forachtvn arlosc minna
argebe ioh tod lip niuuan

7 angul imu tod farslinte
sinem ioh sih reisanum pinte
asterpe lip allero
arstante lip allero

8 denne tod upar alle duruch fare
alle arstanten totun
kanozzeniu tod uurfe sinemu
farloranan sih einun chuere

XXI.

AD CENAM agni prouidi
stolis albis candidi
post transitum maris rubri
christo canamus principi.

Cuius sacrum corpusculum
in ara crucis torredum
cruore eius roseo
gustando uiuimus deo.

1 za nahtmuase lambes kauuare
kauuatim uuizzem cliz[zante]
after ubarferti meres rotes
christe singem furistin

2 des uuih lihamilo
in altare chruzes karostit
trore sinemu rosfaruuemu
choronto lepemes kote

6, 4 nouuā   8, 4 *hierunter steht als federprobe der bekannte schreibervers* adnexique globum zephyri freta kanna secabant.   XXI. *Daniel* 1, 88. 4, 73. 453. *Mone no.* 161.   *Morel no.* 74, h.   1, 1 *die erste strophe dieses hymnus ist durch einen grossen tintenfleck zum teil unleserlich geworden.*   2, 1 corpósculū

5, 3 ne : me, *das* n *mit rasur aus* m *verbessert.*   6, 3 forachtŭn   8, 3 kanozzemu   XXI, 1, 2 cliz....., *der schluss des wortes unlesbar.*   1, 3 aft' m..es, *zwei buchstaben unleserlich.*

Protecti pascha uesperum
a deuastante angelo,
erepti de durissimo
pharaonis imperio.

Iam pascha no*strum* christus est,
qui immolatus agn*us* est,
sinceritatis azima
caro eius oblata est.

O uere digna hostia,
p*er* qua*m* fracta sunt tarthara,
redempta plebs captiuata,
reddita uite premia!

Cu*m* surgit christus tumulo,
uictor redit de baratro,
tyrannu*m* trudens uinculo
et reserens paradysu*m*.

Q*uesumu*s auctor omniu*m*
in hoc paschale gaudio,
ab omni mortis inpetu
tuu*m* defendas populu*m*.

3 kascirmte hostrun aband
fona uuuastantemu engile
arratte fona starchistin
faraones kapote

4 giu ostrun unsar christ ist
der kasc[l]actot lamp ist
dera lutri derpaz
lihamo sin kaoffarot ist

5 uuola uaro uuirdih zebar
duruch dea arprochan sint paech
archaufit liut caelilentot
argepan lipes lona

6 denne arstat christ crape
sigesnemo uuarf fona hellacruapo
des palouues uuare kapintanti pante
inti intsperranti uunnigartuu

7 pittemes ortfrumo allero
in desamu hostarlicheru mendi
fona allemu todes analaufte
dinan kascirmi liut

XXII.

(116ᵃ) Aeterna christi munera
et martyru*m* uictoria
laudes ferentes debitas
letis canam*us* mentib*us*.

Ecclesiaru*m* principes
et belli triu*m*phales duces,

1 (116ᵃ) euuige [chris]tes lon
inti urchundono kauuirich
lop pringante sculdigiu
frouuem singem muatu*m*

2 chirichono furistun
inti uuiges siganumftiliches leitida

4, 3 senceritatis 4, 4 caro *aus* o *corrigiert.* 5, 4 ůete 6, 2 *b*aratro *aus*
p *corrigiert.*   XXII. *Daniel* 1, 27. 4, 87. *Mone no.* 733.   2, 2 *es ist* uictorias
zu lesen.

3, 2 engile *abgerieben.*   ᵣ3, 3 starchistim   4, 2 kascactot   4, 4 : sin kaoff-
tarot (kaofstarot?)   6, 2 uuaf   6, 4 : intsperranti uunnigartum   XXII, 1, 4
muatū   2, 2 siganumftiliches *aus* g *corrigiert.*

celestis aule milites
et uera mundi lumina.

Terrore uicto seculi
poenisque spretis corporis
mortis sacre conpendio
uitam beatam possident.

Tradunt*ur* igni martyres
et bestiarum dentib*us*,
armata senis ungulis
tortores insani man*us*.

Nudata pendent uiscera,
sanguis sacratus funditur,
sed permanent inmobiles
uite perennis gratia.

Deuota sanctorum fides
inuicta spes credentium,
perfecta christi caritas
mundi triumphat principes.

In his paterna gloria,
in his uoluntas sp*iritu*s,
exultat in his filius,
caelum repletur gaudio.

Te nunc, redemptor, quesumus
ut martyrům consortio
iungas precantes seruulos
in sempiterna secula. am*en*.

himiliskera chamara chnehta
inti uuariu uueralti leoht

3 egisin kirichante uueralti
uuizzum ioh fermanentem lichamin
todes uuihes kafuarre
lip saligan pisizzant

4 kiselit uuerdant fiure urchundun
inti tioro zenim
kiuuaffantiu sarfem chlauuon
uuizzinarra unheilara henti

5 kinachatotiu hangent innodi
pluat keheiligot kicozan ist
uzan thurah uuesant ungaruorige
libes euuiges ensti

6 kideht uuihero kelauba
unuparuuntan nuan keloubentero
thurahnohtiu christes minna
uueralti ubarsigirot furistun

7 in deam faterlichiu tiurida
in deam uuillo atumes
feginot in deam sun
himil erfullit mendi

8 thih nu chaufo pittemes
thaz urchondono kamachadiu
kemachoes pittante schalchilun
in euuigo uueralti

3, 1 Terrore:, *ein s und über dem e ein* ‾ *ausradiert.* uicto:::, res *ausradiert.*   4, 4 *lies* tortoris   5, 1 pendens   7, 4 gaudiu:, m *ausradiert.*
8, 2 consortiŏ

3, 3 fermanentē   7, 4 *es scheint* menidi *zu stehn, das erste* i *mit dem* n *in ligatur.*

XXIII.

Tempus noctis surgentib*us*
laudes d*e*o dicentib*us*
christo ihe*s*uq*ue* dom*i*no
in trinitatis gloria.

Chorus sanc*t*orum psallim*us*,
ceruices n*os*tras flectim*us*,
*ue*l genua prosternim*us*
peccata c*on*fitentib*us*.

Orem*us* d*e*o iugiter,
uincamus in bono mal*um*,
cum fructu penitentię
uot*um* per*e*nni reddere.

Christum rogem*us* et patr*em*
sanc*tu*m patrisq*ue* sp*i*rit*um*,
ut det nobis auxilium,
uincam*us* hostem inuidum.

1 cit thera naht erstantant*em*
lop cote quhedenten
christe c[hris]te ioh truhtine
in dera thrinnissa tiuridu

2 cartsanc uuiheru singames
halsa unsero piugemes
erdu chniu nidar spreitemes
sunto gehantem

3 pittem cot simblum
karichem in cuate ubil
mit uuochru thera renun
antheizun simbligan keltan

4 christ pittem inti faterau
uuihan fateres ioh atum
thaz kebe uns helfa
karichem heri fiaut abanstigau

XXIV.

(116ᵇ) Rex eternę dom*i*ne,
rerum creator omnium,
qui es ante secula
semp*er* cu*m* patre filius.

Qui mundi in primordio
ada*m* plasmasti homin*em*,
cui tui imaginis
uultum dedisti simil*em*.

1 (116ᵇ) cuning euuigo truhtin
rachono scepfant allero
ther pist fora uueralti
simblu*m* mit fatere sun

2 ther uueralti in frumiscafti
adaman kascuofi man
themu thineru kilihnissa
antlutti cabi kalichas

XXIII. Daniel 1, 67; nur in O überliefert. 4, 4 hostēm XXIV. Daniel
1, 85. 4, 20. 1, 1 O rex die übrigen hss. 1, 3 lies eras 2, 3 tui nach-
getragen. imaginis auf rasur.

XXIII, 1, 1 erstantantē   XXIV, 1, 4 simblū   4, 4 zu heri hostem vgl.
altfranz. oz heer.   2, 3 the̊m

Que*m* diabulus deciperat,	3 then unholda pisuueih
hostis humani generis,	fiant mannaschines chunnes
cuius tu forma*m* corporis	thes thu kilihnissa pilidi lichamin
adsumere dignatus es,	antfahan kiuuerdotos
Ut homine*m* redemeres	4 thaz man erchauftis
que*m* ante iam plasmaueras	then fora giu kascaffotos
et nos deo coniungeres	thaz unsih cote kimachotis
p*er* carnis c*on*tubernium.	thurah flei[s]kes kimachida
Quem ęditu*m* ex uirgine	5 then keporan fona magidi
pauiscit omnis anima,	erfurahtit cocalih sela
p*er* quem nos resurgere	thuruh then unsih erstantan
deuota m*en*te credimus.	kedehtamu muate kelaubemes
Qui nobis p*er* babtismu*m*	6 ther unsih thurah taufi
donasti indulgentiam,	capi antlazida
qui tenebamur uinculis	uuir dar pihabet uuarun pantirun
ligati conscientię;	kipuntane uuizantheiti
Qui cruce*m* propter homine*m*	7 ther chruci thurah mannan
suscipere dignatus es,	antfahan kiuuerdotos
dedisti tuum sanguine*m*	cabi thin pluat
no*str*ę salutis precium.	unsera heili uuerth
Nam uelu*m* templi scissu*m* es*t*	8 inu lachan thera halla kizerrit uuarth
et omnis terra tremuit,	inti alliu erda pipeta
tunc multos dorm*ien*tiu*m*	thenne manege slaffantero
resuscitasti, dom*i*ne.	eruuahtos truhtin
Tu hostis antiqui uires	9 thu fientes hentriskes chrefti
p*er* crucem mortis conteris,	thuruh chruci todes mulis
qua nos signati frontib*us*	themo uuir kezeichante endinum
uixillu*m* fidei ferim*us*.	siginu*m*ft thera kelauba fuaremes

3, 2 humano 4, 3 coniungeras 6, 1 *lies* baptismata 7, 4 precium *aus* t *corrigiert.* 8, 3 multis

4, 4 fleikes 5, 1 *J. Grimm will* keporanan *lesen.* 8, 4 dtruhtin 9, 4 siginuft

Tu illum a nobis semper
reppellere dignaueris,
ne umquam possit ledere
redemptos tuo sanguine.

Qui propter nos ad inferos
discendere dignatus es,
ut mortis debitoribus
uite donares munera.

Tibi nocturno tempore
ymnum defflentes canimus,
ignosce nobis, domine,
ignosce confitentibus.

Quia tu ipse testis et iudex

quem nemo potest fallere,
(117ᵃ) secreta consciencię
nostre uidens uestigla.

Tu nostrorum pectorum
solus inuestigator es,
tu uulnerum latentium
bonus adsistens medicus.

Tu es qui certo tempore
daturus finem seculi,
tu cunctorum meritis
iustus remunerator es.

Te ergo, sanctę, quesumus
ut nostra cures uulnera,
qui es cum patre filius
semper cum sancto spiritu.

10 thu inan fona uns simblun
ferscurgan kiuuerdoes
ni eonaltre megi keterran
archaufte thine[mu] pluate

11 ther thurah unsih za hellom
nidar stigan kiuuerdotos
thaz todes scolom
libes cabis kifti

12 thir nahtlichemo zite
lop reozzante singemes
pilaz uns truhtin
pilaz gehanten

13 thanta du selbo urchundo inti sua-
    nari pist
then nioman mac triugan
(117ᵃ) tauganiu uuizzantheiti
unsera schanti spor

14 thu unserero prustio
eino spurrento pist
thu uuntono luzzentero
cuater az standanter lachi

15 thu pist ther kiuuissemu zite
kepenter enti uueralti
thu allero frehtim
rehter lonari pist

16 thih nu uuiho pittemes
thaz unsero reinnes uuntun
ther pist mit fatere sun
simblum mit uuihemo atume

10, 1 a *übergeschrieben.*   11, 4 donaris   13, 1 quia *ist wol zu streichen.*
14, 4 adsisteⁿˢ   16, 2 nostrᵉ̨

14, 4 standant'   15, 1 piˢt   15, 3 frehtī   16, 4 simblū

XXV.

Aeternę rerum conditor,
noctem diemque qui regis
et temporum dans tempora,
ut adloues fastidium.

Preco diei iam sonat
noctis profunde peruigil,
nocturna lux uiantibus
a nocte noctem segregans.

Hoc excitatus lucifer
soluit polum caligine,
hoc omnis errorum chorus
uiam nocendi desserit.

Hoc nauta uires colegit,
pontique mitescunt freta,
hoc ipsa petri ecclesia
canente culpam diluit.

Surgamus ergo strenue,
gallus iacentes excitat
et somnolentos increpat,
gallus negantes arguit.

Gallo canente spes rediit,
egris salus refunditur,
mucro latronis soluitur
lapsis fides reuertitur.

1 cuuigo rachono felahanto
naht tac ioh ther rihtis
inti ziteo kepanti ziti
thaz erpurres urgauuida

2 foraharo tages giu lutit
thera naht tiufin thurahuuachar
nohtlih lioht uuegontem
fona nahti naht suntaronti

3 themu eruuahter tagestern
intpintit himil tunchli
themo iokiuuelih irrituomo samanuuga
uuec terrennes ferlazit

4 themu ferro chrefti kelisit
seuues ioh kistillent kiozun
themu selbiu pietres samanunga
singantemo sunta uuaskit

5 arstantem auur snellicho
hano lickante uuechit
inti slaffiline refsit
hano laugenente refsit

6 henin singantemo uuan erkepan [ist]
siuchem heili auur kicoz[zan ist]
uuaffa[n] thiupes intpuntan
pisliften kilauba uuiruit

XXV. *Daniel* 1, 15. 4, 3.   3, 4 deserit   5, 4 arguit *auf rasur, wahrscheinlich für* increpat   6, 1 *lies* redit   6, 2 : egri, *ein kleines zwischengeschriebenes* a *ausradiert*.

XXV, 1, 3 *vor* kepanti *ist* kipis *ausradiert, das zu Daniels lesart das stimmen würde*.   2, 3 uuegonte   3, 2 intpintant, *das a sehr klein und undeutlich, so dass man es fast als* i *lesen könnte*.   5, 1 snnellicho   6, 2 siuche
6, 3 uuaffa

Ihesu, pauentes respice
et nos uidendo corrige.
si nos respicis, lapsi non cadunt,
fletuque culpa soluitur.

Tu lux refulge sensibus
noctisque somnum discute,
te nostra uox primum sonet,
et ora soluamus tibi.

7 heilant furahtanto kasih
   inti unsih kesehanto kirihti
   ibu usih kisihis pislifte ni fallant
   uuofte ioh suuta inpu[n]tan uuirdit

8 thu lioht arskin huctim
   thera naht ioh slaf arscuti
   thih unsriu stimma erist lutte
   inti munda keltem thir

XXVª.

Te decet laus, te decet ymnus,
tibi gloria deo patri
et filio cum sancto spiritu
in secula seculorum. amen.

1 thir krisit lop [thir krisit] lopsanc
   thir tiurida cote fatere
   inti sune mit uuihemo atume
   in uueralti uueraltco uuar

XXVI.

(117ᵇ) Te deum laudamus,
te dominum confitemur.
Te eternum patrem
omnis terra ueneratur.

1 (117ᵇ) thih cot [lobo]mes
   thih [truhti]nan gehemes
   thih euuigan fater
   eokiuuelih erda uuirdit eret

Tibi omnes angeli, tibi caeli
et uniuersę potestates,
Tibi cerubin et syraphin
incessabili uoce proclamant.

2 [thi]r alle [angi]la [thi]r [himi]la
   [in]ti allo kiuualtido
   [thi]r [cerubin inti siraphin]
   unbilibanlicheru stimmo f[ora] harent

Sanctus sanctus sanctus
dominus deus sabaoth,
Pleni sunt celi et terre
magestate glorię tuę.

3 uuiher [uuihe]r [uuihe]r
   [truh]tin [co]t herro
   folliu sint [himi]la [in]ti [er]da
   thera meginchrefti tiurida [thi]nera

7, 1 pauente:, s *ausradiert*.   8, 3 nostra, *das s in x hinein corrigiert*.
XXVª *fehlt bei Daniel usw. Dass die strophe als selbständiger hymnus galt,
zeigt der grosse anfangsbuchstabe der hs. und die bemerkung der Benedictinerregel
cap.* XI (*S*. 62 *Hattemer*): et subsequatur mox ab abbate ymnum 'te decet laus',
auf die mich Steinmeyer aufmerksam machte.   XXVI. *Daniel* 2, 276.   2, 3
sĕrapʰhin   3, 3 terrĕ

7, 3 pislifte *aus* u *corrigiert*.   7, 4 inputan   XXVI, 2, 3 *ergänzt nach*
7, 7, 1   2, 4 stimo

Hymnen XXVI, 4—10.

Te gloriosus a*post*olo*rum* chorus,	4 [thi]h tiurlicher potono cart
Te p*ro*phetaru*m* laudabilis numerus,	[thi]h uuizagono loplichiu ruaua
Te martyru*m* candidatus	thih urchundono˙ kasconnot
laudat exercitus.	lobo[t] heri
Te p*er* orb*em* t*er*rarum	5 [thi]h [thuruh] umbiuurft erdono
sa*n*c*t*a confitet*ur* ęcclesia,	uuihiu gihit sa[manun]ga
Patr*em* inm*en*se magestatis,	fat*er* ungimezenera meginchrefti
Uenerandum tuum uerum unicum	erhaftan thinan uuaran einagu[n]
filium,	sun
S*an*c*t*u*m* quoq*ue* paraclitu*m* sp*iritu*m.	uuihan auh trost atum
Tu rex glorię christus,	6 thu chuninc thera tiurido [chr]ist
Tu patri sempit*er*nus es filius,	thu fateres simbliger pist sun
Tu ad liberandum suscepisti hominc*m*:	thu za arlosanne anfingi mannan
no*n* orruisti uirginis uteru*m*.	ni leithlichetos thera magidi ref
Tu deuicto	7 thu kerihtemo ubaruunnomo
mortis aculeo	todes angin
aperuisti credentibus	intat[i] calaupente*m*
regna celorum.	richi himilo
Tu ad dextera*m* d*ei* sedes	8 thu za zesuuun [co]tes sizis
in gloriam patris.	in tiuridu fateres
Iudex crederis esse uenturus.	suanari [za] kelaupanne pist uuesan
	chumftiger
Te ergo q*uesumu*s,	9 [thi]h auur p[itte]mes
tuis famulis subueni,	[thi]nc*m* s[cal]chun hilf
quos p*re*cioso sanguine redemisti.	thea tiuremo pluate [archauftos]
Aeterna fac cum sa*n*c*t*is tuis	10 euuigero tua mit uuihe*m* thine*m*
gloria munerare.	tiurida lonot

    6, 4 uirgi*ne*, *in das* e *ein* i *hineingeschrieben.*   8, 3 Iudex *auf rasur.* crederis] deris, cre *mit verweisungszeichen am rande.*   9, 3 sanguinic (ni *in ligatur*), *das* e *aus* i *oder dem ersten zuge eines* s *corrigiert.*

    4, 4 lobo, *das vielleicht nicht schreibfehler ist.*   5, 3 fat'   5, 4 einagu
7, 1 ubaruunnomo *am rande unmittelbar vor* thu   7, 3 intat calaupentē   9, 2 thinc*m*] nē   10, 1 uuihe thine

Saluu*m* fac populu*m* tuum, dom*i*ne, 11 k[chal]tan tua folh liut thinaz
                                                     [truh]tin
et benedic creditati tuę   [inti uui]hi [er]be [thinc]mu
Et rege cos et extolle illos   [in]ti rihti sic erheui sic
usq*ue* in et*er*num.   unzi in cuuin
P*er* singulos dies benedicim*us* te 12 thura*h* einluze taga uuela quhedemes
                                                     thih
et laudam*us* nom*en* tuu*m*   [iu]ti lobomes [na]mun [thi]nan
in sec*u*lum et in sec*u*lum sec*u*li.   [in uueral]ti [inti in uueral]ti [uue-
                                                    ral]ti
Dignare, dom*i*ne, die isto 13 kiuuerdo [truh]tin [ta]ge [the]mo
sine peccato nos custodire.   ana [sun]ta unsih k[chal]tan
Miserere n*os*tri, dom*i*ne, 14 .... de [un]ser [truh]tin
miserere n*os*tri.   .... de [un]ser
Fiat misericordia tua, dom*i*ne, sup*er* 15 si [kena]da thiniu [truh]tin [u]bar
                nos,   [un]sih
quemadmodu*m* sperauim*us* in te.   thiu mezu [uuanto]mes in thih
In te, dom*i*ne, speraui, 16 [in thi]h [truh]tin uuanta
n*on* c*on*fundar in et*er*num.   ni si kiskentit in cuun

12, 1 dies *aus* e *corrigiert*.

12, 1 thur   12, 3 *über* et in seculum *steht nur ein* ti, *das vielleicht zu* et *gehört; dann wäre für das erste* uucralti *der sing. zu setzen.*

INDICES.

Deutscher Index.

A.

abah *adj. pravus: apn.* abahiu 5, 4, 2.
âband *stm. vesper: ds.* habande 18, 1, 2. *as.* aband 21, 3, 1.
âband-stërn *stm. vesper: ds.* habandsterre 14, 2, 1.
ab-anstîc *adj. invidus: dsm.* apanstigamu 3, 4, 2. *asm.* abanstigan 23, 4, 4.
ab-anstôn *swv. invidere: präs. conj. pl. I.* apastohem 8, 5, 2. — *Vgl.* katarôn.
adal-lîcho *adv. nobiliter:* adallicho *nobile* 19, 3, 3.
Adam *npr. Adam: as.* adaman 24, 2, 2.
after *präp. c. dat. post:* after ubarferti 21, 1, 3. hafter slafe 8, 1, 2.
after-morganlîh *adj. postmatutinus: dpn.* aftermorganlichem 9, 1, 1.
auur *adv. rursus* 4, 3, 4. 9, 1, 3; *vero* 1, 6, 1; 9, 1; *ergo* 10, 3, 1. 25, 5, 1. 26, 9, 1. — *Vgl.* auur pringan, auur keozzan, auur tragan.
â-chust *stf. vitium: ap.* achusti 20, 5, 4.
al *adj. all, ganz: nsm.* aller *totus* 3, 8, 3. 4. 4, 1, 2. 6, 2, 2. *nsf.* alliu *universa* 7, 4, 1; *omnis* 24, 8, 2. *dsm.* allemu *omni* 21, 7, 3; *ntr.?* allemu *universo* 17, 2, 2. *dsf.* alleru *toto* 12, 3, 3. *asm.* allan *totum* 4, 6, 3. 8, 10, 2. *asm.* ubar al *per omnia* 2, 5, 3. *npm.* alle *omnes* 7, 5, 1. · 20, 8, 2. 26, 2, 1. *npf.* allo *universae* 26, 2, 2. *gpm.* allero *omnium* 20, 5, 3; 7, 3, 4; *cunctorum* 24, 15, 3. *gpf.* allero *omnium* 24, 1, 2. *gpn.* allero *omnium* 8, 2, 1; 6, 4. 21, 7, 1. *dpf.* allem *totis* 2, 6, 4. *dpn.* allem *cunctis* 7, 2, 4. *apm.* alle *totos* 3, 8, 2; *omnes* 20, 8, 1. *apn.* alliu *omnia* 6, 3, 2; *cuncta* 6, 2, 3. 11, 3, 2.
al-lîh *adj. catholicus: asf.* allicha 7, 2, 3.
al-mahtîc *adj. omnipotens: nsm.* almahtigo 6, 5, 1.
alt *adj. veternus: nsf.* altiu 8, 3, 2.
altar *stn. s.* eonaltre *und* neonaltre.
altari *stm. ara: ds.* altare 21, 2, 2.
amazzîgo *adv. iugiter* 8, 10, 2; *sedulo* 9, 2, 3; *vgl.* emazzîc.
ana *präp., vgl.* ana pringan, ana plesten.
âna *präp. c. acc. sine:* ana sunta 26, 13, 2.

Anm. Man suche *b, p* unter *b* (ausgenommen ist das *p* der lehnwörter); *g, k* unter *g; d, th* unter *d; ch* = fränk. *k* unter *k,* aber *ch* = fränk. *ch* unter *hh* (nach *h*); *quh, qhu* unter *chu; io* unter *eo, ou* unter *au.*

ana - (h)lauft *stm. impetus: ds.* analanfte 21, 7, 3.
ana - sĕdal *stn. (?) thronus: ds.* anasedale 6, 4, 2.
ana - sidili *stn. thronus: ns.* 6, 6, 3. 7, 7, 2.
ka - anazzen *swv. incitare: präs. conj. sg. III.* kaanazze 4, 5, 2.
angil *stm. angelus: ns.* 19, 6, 1. eingil 19, 4, 4. *ds.* engile 21, 3, 2. *np.* angila 7, 5, 1. angila 26, 2, 1. engila 20, 4, 1. *ap.* angilo 17, 3, 2. — *Comp.* archangil.
ango *swm. aculeus: ds.* angin 26, 7, 2.
angul *stm. hamus: as.* 20, 7, 1.
angust - lîh *adj. anxius: gsf.* angustlichera 15, 4, 2.
anst *stf. gratia: gs.* hensti 3, 3, 3. *ds.* ensti 8, 1, 4. 14, 4, 3. 22, 5, 4. *as.* anst 3, 4, 4. ast 10, 1, 3. 12, 3, 4. 20, 6, 2. — *Vgl.* abanstic, abanstôn.
ant - heizzâ *swf. votum: as.* antheizun 23, 3, 4. *dp.* hantheizzom 3, 3, 1.
ant - lâzzida *stf. indulgentia: as.* antlazida 24, 6, 2.
ant - lutti *stn. vultus: as.* 24, 2, 4.
ant - luzzi *stn. vultus: ns.* antluzzi 5, 3, 3. *as.* antluzzi *faciem* 19, 8, 3.
ant - reiti *f. ordo: ds.* hantreiti 11, 3, 1. *as.* hantreiti 14, 2, 4.
ant - reitida *stf. ordo: as.* 11, 1, 1.
arbeit *stf. labor: ap.* harbeiti 14, 3, 3.
arch - angil *stm. archangelus: gp.* archangilo 7, 5, 3.
arm *stm. brachium: ds.* arme 2, 1, 3.
aruun *adv. frustra* 1, 9, 3.
âtum *stm. spiritus: ns.* atum 5, 4, 2. *gs.* atumes 3, 2, 3; 6, 4. 6, 2, 4; 7, 2. 22, 7, 2. *ds.* atume 1, 2, 1. 2, 8, 3. 4, 6, 3. 8, 10, 4. 9, 3, 2. 11, 2, 2. 12, 1, 2. 13, 3, 1. 24, 16, 4. 25*, 1, 3. *as.* atum 23, 4, 2. 26, 5, 5. *is.* atumu 19, 12, 3. — *S.* keist.
augâ *swn. oculus: np.* oucun 16, 4, 1.
ka - augen *swv. ostendere: prät. part. dpf.* kaauctem 19, 10, 1.
auh *adv. quoque* 1, 11, 2. 26, 5, 5; ouh 1, 2, 1.
auchôn *swv. addere: inf.* za auchonne *addendis* 8, 9, 1.
az *präp. c. dat. ad: vgl.* az qhueman, az standan, az uuesan.

B. P.

pâga *stf. rixa: ns.* 4, 5, 1.
palo *stn. böses, unrecht: gs.* des palouues uuarc *tyrannum* 21, 6, 3.
pant *stn. vinculum: ds.* pante 21, 6, 3. *dp.* pantirun 24, 6, 3. *ap.* pentir 1, 12, 3. — *Comp.* haubitpant.
pauchan *stn. typus: ns.* 2, 4, 3.
pauchanen *swv. annuere: imp. sg.* pauchini 8, 4, 1.
peitten *swv. urgere: präs. part. dsm.* peittentemu 14, 2, 1.
pĕraht *adj. fulgidus: dsn.* perahtemu 19, 10, 2.

ka-pĕran *stv. edere: prät. part. asm.* keporan*an* 24, 5, 1. — *Vgl.* einporan, ĕristporan, ungaporan.

it-pĕran *wiedergebären: prät. part. ns.* itporan uuirdit *renascitur* 5, 2, 2.

pĕtôn *swv. orare: inf.* za petonne 12, 1, 4. 17, 1, 1. *präs. conj. pl. I.* petoem 9, 2, 3. *part. npm.* petonte 7, 2, 1. *dpm.* petontem 8, 4, 2. zua pĕtôn *adorare: präs. ind. pl. III.* zua petont 7, 6, 4.

pî *präp. c. acc. pro:* pi unsihc 6, 4, 4.

pipên *swv. tremere: prät. ind. sg. III.* pipeta 24, 8, 2.

pilidi *stn. forma: as.* pilidi 24, 3, 3. — *S.* kilihnissa.

pintan *stv. ligare: präs. conj. sg. III.* pinte 20, 7, 2.

ka-pintan *binden: präs. conj. sg. III.* kapinte *religet* 3, 3, 4; *vinxerit* 15, 5, 1. *part. nsm.* kapintanti *trudens* 21, 6, 3. *prät. part. npm.* kabuntane *vincti* 1, 11, 3. kipuntane *ligati* 24, 6, 4.

int-pintan *solvere: präs. ind. sg. III.* intpinti*t* 25, 3, 2. *conj. sg. III.* intpinte 20, 2, 3. *imp. sg.* intpint 1, 12, 3. *prät. ind. sg. II.* intpunti 7, 1, 3. *sg. III.* intpant 19, 2, 4. *part. nsf.* inpuntan uuirdit 25, 7, 4. *nsn.* intpuntan (uuirdit) 25, 6, 3. *npm.* inpuntan uurtun 1, 11, 4.

ka-peotan *stv. iubere: präs. conj. sg. III.* kabeote 17, 1, 3.

pirnan *swv. erheben, trösten: präs. part. dsm.* mit atumu pirnantin *paraclito* 19, 12, 3.

piugan *stv. flectere: präs. ind. pl. I.* piugames 2, 6, 2. piugemes 23, 2, 2.

pittan *stv. bitten: inf.* za pittanne ist *deprecandus est* 17, 1, 2. *präs. ind. pl. I.* pittames *quaesumus* 2, 6, 1. 4, 4, 4; *deprecamur* 7, 12, 2; *precamur* 8, 4, 1; *rogamus* 14, 1, 3. pittemes *poscimus* 7, 2, 1; *precamur* 15, 2, 2. 16, 2, 1; *quaesumus* 21, 7, 1. 22, 8, 1. 24, 16, 1. pittemes *quaesumus* 26, 9, 1. pitames *rogamus* 2, 6, 4. *conj. pl. I.* pittem *precemur* 10, 3, 1; *poscamus* 11, 1, 2; oremus 23, 3, 1; *rogemus* 23, 4, 1. *part. npm.* pittente *supplices* 2, 10, 3; *precantes* 14, 3, 2. *apm.* pittante *supplices* 22, 8, 3.

plâst *stm. flatus: dp.* plastim 2, 2, 3.

pleichên *swv. pallere: präs. part. nsf.* pleichenti 4, 2, 1.

ana plesten *inruere: präs. conj. sg. III.* ana pleste 16, 3, 1.

plint *adj. caecus: asf.* plinta 4, 3, 3. *apm.* plinte 20, 2, 2.

pliuuan *stv. tundere: präs. ind. pl. I.* pliuames 18, 2, 2.

kagan pliuuan *obtundere: präs. part. nsm.* kagan pliuuanti 4, 2, 3.

uuidar pliuuan *retundere: präs. conj. sg. III.* uuidar pliuue 3, 4, 2.

pluat *stn. sanguis: ns.* 20, 1, 3. 22, 5, 2. *gs.* pluates 1, 4, 4. *ds.* pluate 1, 6, 4. 7, 10, 4. 16, 5, 4. 24, 10, 4. 26, 9, 3. pluate 1, 5, 4. *as.* pluat 24, 7, 3.

ka-pot *stn. imperium: ds.* kapote 21, 3, 4. kapote *iusso* 7, 4, 3.

poto *swm. apostolus: ns.* 9, 2, 4; *angelus* 1, 3, 2; 4, 2. *np.* potun 19, 5, 1; 9, 3. *gp.* potono 26, 4, 1. *dp.* potom 11, 2, 3. 13, 3, 2. poton 19, 7, 2. — *Vgl.* chundo.

prĕchan *stv. confringere: prät. part. dpf.* kaprochanem 19, 2, 2.

ar-prĕchan *stv. frangere: prät. part. npn.* arprochan sint 21, 5, 2.

pringan *anv. ferre: präs. part. npm.* pringante 22, 1, 3.
 ana pringan *inferre: prät. ind. sg. III.* ana prahta 1, 3, 3.
 auur pringan *reducere: prät. ind. sg. III.* auur prahta 10. 2, 4. *part. nsm.* auur prunganer *relatus* 5, 3, 2.
 fram pringan *proferre: präs. part. nsm.* fram pringanter 3, 1, 2.
prôt *stn. panis: as.* 2, 9, 1.
ka-prûchen *swv. secundare: präs. conj. sg. III.* kapruche 3, 4, 3.
prûchi *adj. prosper: asn.* pruchaz 14, 4, 4.
prunuo *swm. fons: ns.* 3, 1, 3. 6, 2, 4.
prust *stf. pectus: ds.* prusti 11, 1, 2. 12, 3, 3. 13, 2, 2. *gp.* prustio 24, 14, 1. *ap.* prusti 5, 3, 4. 18, 2, 2.
prûti-gomo *swm. sponsus: ns.* 1, 7, 3.
ka-pûid *stn. habitaculum: ns.* 11, 2, 1.
ka-puluht *stf. ira: ns.* 8, 6, 2. *as.* 4, 5, 1.
er-purren *swv. adlevare: präs. conj. sg. II.* erpurres 25, 1, 4.
 ûf purren *attollere: präs. part. nsm.* uf purrenti 2, 2, 2.
ka-purt *stf. natura: ns.* 4, 1, 4. *gs.* capurti *substantiae* 1, 2, 3.

D. TH.

danch *stm. dank: ap.* dancha *grates* 4, 3, 2.
danta *conj. quia* 12, 2, 1. 19, 4, 3. thanta 24, 13, 1.
dâr *adv. da: dem pron. pers. relative bedeutung verleihend:* uuir dar (*nos*) qui 24, 6, 3. du der (*tu*) qui 2, 1, 1; 7, 1. 5, 1, 2. 6, 1, 4. 7, 9, 3; 10, 3. 16, 1, 1; 6, 3; *oder ist hier der relativpronomen?*
dare *adv. ibidem* 1, 4, 2.
Dâvid *npr. David: gs.* dauides 7, 9, 1.
dëgan *stm. miles: ds.* degane 19, 3, 2.
daz *conj. quod:* 2, 3, 3. 4, 3, 3. *ut:* 1, 10, 3; 13, 3. 8, 2, 4. 10, 3, 3. 11, 2, 1. 14, 4, 1. 15, 1, 3; 2, 2. 17, 1, 3; 2, 1. 19, 11, 3. 20, 5, 2; 6, 2. thaz *ut* 22, 8, 2. 23, 4, 3. 24, 4, 1; 4, 3; 11, 3; 16, 2. 25, 1, 4.
ki-dëht *adj. devotus: nsf.* kideht 22, 6, 1. *dsn.* kedehtamu 24, 5, 4.
dechen *swv. tegere: präs. ind. sg. III.* dechit 2, 2, 1. *conj. sg. III.* deche 9, 3, 4.
 pi-dechen *tegere: prät. part. npm.* pidahte 14, 4, 3.
 int-dechen *detegere: präs. ind. sg. II.* intdechis 16, 1, 2.
dhëmar *stn. crepusculum: as.* 3, 7, 1.
denchen *swv. cogitare: präs. conj. pl. I.* denchem 8, 5, 1.
denne *conj.* 1) *tunc* 1, 8, 2. thenne 24, 8, 3. 2) *dum:* denne 5, 5, 1. 19, 7, 1; *cum* 15, 5, 1. 19, 2, 1; 9, 3. 20, 8, 1. 21, 6, 1. denne *dum* 14, 1, 4. unzi denne *dum* 15, 2, 3.
ka-dennen *swv. distendere: präs. conj. sg. III.* kadenne 18, 4, 2.

deodraft *adj. subditus: npm.* deodrafte 10, 3, 1. *apm.* deodrafte *humiles* 6, 6, 2.
dër *pron.* 1) *dieser, hic: nsm.* der *ille* 18, 2. 3. 19, 2, 1. der der *ille qui* 19, 3, 1. *nsn.* daz 1, 3, 1. *dsm.* demu 11, 3, 1. themu 25, 3, 1; 4, 1. 3. demo *illi* 11, 2, 2. themo 25, 3, 3. *themo isto* 26, 13, 1. *dsf.* deru 12, 2, 1. *asn.* daz 19, 7, 2. *is.* diu 20, 6, 1. *npf.* deo *illae* 19, 7, 1. *dpn.* deam 22, 7, 1. 2. 3. 2) *als bestimmter artikel: gsn.* des 15, 4, 4. 21, 6, 3. *gsf.* dera 1, 2, 3; 11, 1. 2, 3, 4; 4, 1. 6, 6, 1. 9, 4, 4. 10, 1, 3; 2, 2. 12, 2, 2. 13, 2, 4. 15, 2, 1. 4; 3, 3; 4, 2. 16, 1, 2; 6, 3. 21, 4, 3. 23, 1, 4. thera 23, 1, 1; 3, 3. 24, 8, 1; 9, 4. 25, 2, 2; 8, 2. 26, 3, 4; 6, 1. 4. *dsf.* deru 9, 1, 2. 3) *relativ, qui: nsm.* der 2, 1, 2. 7, 1, 3. 10, 2, 1. 11, 2, 3. 14, 1, 1. 15, 1, 1. 17, 2, 4. 19, 3, 1. 20, 3, 1. 21, 4, 2. ther 24, 1, 3; 2, 1; 6, 1; 7, 1; 11, 1; 15, 1; 16, 3. 25, 1, 2. *gsm.* des 12, 3, 1. 21, 2, 1; thes 24, 3, 3. *gsf.* dera 10, 1. 1. *dsm.* demu 20, 1, 3. themu 24, 2, 3 *dsn.* demu 1, 3, 2; 7, 2. demo 19, 8, 1. themo 24, 9, 3. *asm.* den 8, 2, 1; 3, 2. 19, 5, 2. then 24, 3, 1; 4, 2; 5, 1. 3; 13, 2. *asf.* dea 21, 5, 2. *is.* thiu mezu *quemadmodum* 26, 15, 2. *npm.* dca 13, 3, 3. 16, 4, 4. 17, 3, 3. *npf.* deo 1, 9, 2. *gpm.* dero 7, 12, 1. *apm.* dea 1, 4, 2. 10, 3, 4. 16, 5, 4. thea 26, 9, 3. *apf.* deo 7, 2, 3. *apn.* diu 9, 1, 2.
der *adv. s.* dâr.
derpi *adj. azymus: nsn.* derpaz 21, 4, 3.
dësêr *pron. hic: nsm.* 2, 8, 1. 3, 7, 1. 20, 1, 1. *nsf.* disiu 1, 4, 1. deisu 1, 12, 1. desiu 8, 4, 3. *dsm.* desamu 9, 4, 1. 15, 3, 4. desamo *isto* 16, 6, 2. *dsn.* desamu 21, 7, 2. *dsf.* deseru 11, 2, 4. *asm.* desan 4, 6, 4. 8, 10, 3.
ka-digan *adj. part. castus: dsm.* kadiganemu 2, 18, 4. 3, 5, 2. cadiganemu 4, 6, 2. *apf.* cadigano 18, 2, 2. — *Zu* ka-dihan.
ka-digani *f pudor: ns.* 3, 7, 2; *castitas* 8, 8, 3.
dih *pron. s.* dû.
din *pron. poss. tuus: nsm.* din 2, 7, 4. diner 2, 8, 1. *nsf.* diniu 16, 4, 3. thiniu 26, 15, 1. *nsn.* dinaz 2, 7, 3. *gsf.* dinera 7, 8, 4. thineru (*dat.?*) 24, 2, 3. *thi*nera 26, 3, 4. *dsf.* dineru 14, 4, 3. *dsn.* dinemu 7, 10, 4. thine*mu* 24, 10, 4. *thi*nemu 26, 11, 2. *asm.* dinan 2, 7, 2. 21, 7, 4. thinan 26, 5, 4. *thi*nan 26, 12, 2. *asf.* dina 14, 1, 3. *asn.* thin 24, 7, 3. dinaz 8, 7, 4. thinaz 26, 11, 1. *dpm.* dinem 8, 4, 2. thinem 26, 9, 2. thinem 26, 10, 1. *dpf.* dinem 7, 4, 4. *apm.* dine 4, 3, 2. dina 14, 3, 2. 16, 5, 3. *apf.* dino 7, 2, 2. *apn.* dinu 5, 3, 1.
dir *pron. s.* dû.
disco *swm. discipulus: np.* discon 19, 8, 1.
diup *stm. latro: gs.* diubes 20, 2, 4. thiupes 25, 6, 3.
dô *conj.* 1) *tunc* 1, 4, 2. 2) *cum* 1, 3, 2.
donarôn *swv. intonare: präs. ind. sg. III.* donarot 19, 1, 2.
driror *adv. ter* 18, 1, 1.
drisgi *adj. trinus: nsm.* drisgi 6, 3, 1. *gsf.* drisgera 11, 1, 4. *asf.* drisca 13, 1, 1. *dpf.* drisgem *ternis* 13, 1, 2.

dritto *num. tertius:* *ns.* dritta 11, 1, 3. *as.* stunta drittun *horâ tertiâ* 10, 2, 1.
driunissa *stf. trinitas:* *ns.* 1, 2, 2. 2, 5, 4. 10, 4, 1. *gs.* thriunissa 23, 1, 4. *ds.* driunissu 9, 1, 2.
drûunga *stf. passio:* *gs.* druunga 10, 2, 2.
dû *pron. tu* 2, 10, 4. 6, 2, 1. 2; 3, 1; 4, 1. 2; 5, 1. 4; 6, 1. 2. 7, 3, 1; 10, 1. 8, 3, 1. 14, 3, 1. 19, 11, 2. 24, 13, 1. du der *qui* 2, 1, 1; 7, 1. 5, 1, 2. 6, 1, 4. 7, 9, 3; 10, 3. 16, 1, 1; 6, 3. thu 24, 3, 3; 9, 1; 10, 1; 14, 1. 3; 15, 1. 3. 25, 8, 1. 26, 6, 1. 2. 3; 7, 1. 8, 1. *ds.* dir 1, 6, 2. 2, 6, 2; 9, 2. 6, 5, 3; 6. 3. 4. 7, 5, 1; 7, 1. 10, 4, 1. 16, 2, 3; 3, 4; 4, 2. 19, 11, 3. thir 24, 12, 1. 25, 8, 4. 25*a*, 1, 1. 2. *thir* 26, 2, 1 (2). 3. *as.* dih 1, 12, 2. 4; 13, 4. 2, 6, 1. 7, 2, 1; 4, 1; 5, 3; 6, 1; 11, 1; 12, 2. 15, 2, 1. 16, 4, 4. dich 4, 4, 1. thih 22, 8, 1. 24, 16, 1. 25, 8, 3. 26, 1, 1. 2. 3; 4, 3; 12, 1; 15, 2. *thih* 26, 4, 1. 2; 5, 1; 9, 1; 16, 1.
ka-dûhen *swv. reprimere: imp. sg,* kadhui 16, 5, 2.
dulten *swv. pati: inf.* 6, 4, 4. *präs. part. nsm.* dultenti *ferens* 10, 2, 3.
duruh *präp. c. acc.* 1) *per:* duruh 6, 3, 3. 8, 2, 1. 10, 1, 3. 17, 3, 2. 18, 4, 3. duruch 6, 3, 2. 21, 5, 3. duruc 6, 2, 3. duruhc 7, 2, 3. thuruh 24, 5, 3; 9, 2. thurah 24. 4, 4; 6, 1. thur*ah* 26, 12, 1. 2) *propter:* thurah 24, 7, 1. 11, 1. — *Vgl.* duruh faran, duruhtuon, duruh uuesan, duruh uuachên.
duruh-heitar *adj. praeclarus: dsf.* duruhheitareru 2, 1, 4.
duruh-noht *adj. perfectus: nsf.* duruhnohtiu 1, 2, 2. thurahnohtiu 22, 6, 3. *nsn.?* duruhnoht 13, 1, 1.
duruh-uuachar *adj. pervigil: nsm.* thurahuuachar 25, 2, 2.

E.

ĕpan-lîh *adj. aequalis: nsf.* epanlichiu 10, 4, 2.
evangêlisc *adj. evangelicus: dsf.* euangelisceru 1, 7, 2.
Egypt *npr. Aegyptus: dat.* egypte 1, 3, 3.
egis-lîh *adj. horridus: gsf.* egislihera 15, 2, 1.
egiso *swm. horror: ns.* 15, 4, 2. *ds.* egisin 22, 3, 1. *as.* egison 1, 3, 1.
êht *stf. besitz: gp.* ehtco *opum* 4, 5, 3. *dp.* hehtim *praediis* 8, 9, 1.
eigan *anv. habere: präs. ind. pl. III.* eigun 1, 9, 2. 15, 3, 3.
ein *num. unus: nsf.* ciuu 10, 4, 2. *nsn.* cin 2, 5, 3. 6, 3, 2. *gsf.* dera einun 1, 2, 3. *dsf.* cineru 7, 12, 3. *dsn.* einemu 7, 12, 4. *asn.* in cin *in unum* 2, 5, 4. — Schwach flectiert, *solus: nsm.* cino 24, 14, 2. eino 1, 5, 3. *dsm.* einin 19, 12, 2. *asf.* cinun 20, 8, 4.
einac *adj. unicus: asm.* einagun 26, 5, 4.
ein-poran *adj. part. unigenitus: nsm.* cinporano 7, 3, 4.
eingil s. angil.
einîc *adj. ullus: asf.* einiga 4, 1, 3.
ein-luzzê *adj. pl. singuli: apm.* cinluze 26, 12, 1.
eitar *stn. venenum: ap* heitar 3, 5, 4.

eli-lentôn *swv. captivare: präs. conj. sg. III.* chilentoe 8, 4, 4. *prät. part nsn.* caelilentot 21, 5, 3.

emazzîc *adj. perpes: gsn.* emazziges 4, 1, 4. *dsm.* emazzigemu 3, 2, 2. *dsf.* emazzigeru 8, 8, 4. 9, 4, 3. emazzigeru 8, 7, 2. — *Vgl.* amazzîgo.

endin *stn.? frons: dp.* endinum 24, 9, 3.

eugil *s.* angil.

enti *stn. finis: as.* 24. 15, 2.

entrisc *adj. antiquus: gsm.* hentriskes 24, 9, 1.

co *adv.:* eo so *sicut* 2, 9, 4. 3, 7, 2. 3. 9, 2, 4.

eo-calih *pron. omnis: nsm.* eocalihc 7, 8, 3. *nsf.* cocalih 24, 5, 2. *dsm.* eocalihemu 17, 3, 4. cochalichemu 19, 11, 4. *dsf.* eochalichera 10, 4, 3. *asf.* eogalicha 5, 4, 1.

eo-cauuëlîh *pron. omnis: nsf.* iokiuuelih 25, 3, 3. eokiuuclih 26, 1, 4.

eo-u-altre *adv. unquam* 24, 10, 3. — *Vgl.* neonaltre *und* altar.

ër *pron. ille: ns.* 17, 2, 1. er selbo *ipse* 4, 1, 2. 17, 2, 3. *ds.* imu 16, 3, 3; *sibi* 20, 7, 1. *as.* inan *eum* 19, 7, 3; *illum* 24, 10, 1. *gp.* iru *sui* 19, 5, 2. *dp.* im *sibi* 8, 2, 4. 19, 10, 1. — *Vgl.* siu.

êra *stf. honor: ns.* hera 6, 6, 4.

erbi *stn. hereditas: ds.* erbe 26, 11, 2.

ërda *stf. terra: ns.* 24, 8, 2. 26, 1, 4. hcrda 7, 8, 3. crda 26, 3. 3. *ds.* erdu 7, 10, 2. *as.* erda 2, 2, 4. *gp.* crdono 26, 5, 1.

ërdu *conj. vel* 23, 2, 3.

êrêu *swv. venerari: präs. ind. sg. III.* eret 26, 1, 4. — *Vgl.* uuirdcn.

êr-haft *adj. venerandus: asm.* erhaftan 26, 5, 4.

êrist *adv. primum* 25, 8, 3.

êristo *num. primus: nsm.* 6, 5, 4. *dpf.* eriston 8, 1, 2.

êrist-porau *adj. part. primogenitus: apm.* eristporaniu 1, 3, 4.

êuua *stf. lex: ns.* 8, 3, 2. *ds.* euu 8, 2, 3. *as.* euua 7, 2, 3. *dp.* euuom 7, 1, 3. 15, 1, 1.

êuuîc *adj. aeternus: nsm.* euuigo 24, 1, 1. 25, 1, 1. *gsm.* euuiges 7, 3, 1; *perennis* 22, 5, 4. *gsf.* euuigera *perennis* 3, 3, 2. *gsn.* euuigcs 4, 1, 1. 6, 1, 1. 11, 3, 4. *dsm.* euuigemu 6, 7, 1. 8, 3, 4. *dsf.* euuigeru 8, 2, 3. euuigero 26, 10, 1. *asm.* euuigau 26, 1, 3. *dpm.* euigem 1, 13, 3. *apm.* euuige 22, 1, 1. *apf.* euuigo ,*sempiterna* 22, 8, 4.

êuuîn *f. ewigkeit: as.* unzi in euuin *usque in aeternum* 26, 11, 4.

êuuo *swm. ewigkeit: as.* (in) euuon *in perpetuum* 10, 4, 4; in euun *in aeternum* 26, 16, 2.

ëzzau *stv. edere: inf.* 17, 1, 3. za ezzanne *edendum* 2, 9, 2.

F.

faginôn *swv. exultare: präs. ind. sg. III.* feginot 22, 7, 3. *part. nsf.* feginontiu 19, 1, 3. — *Vgl. comp.* sigu-faginônt.

ant-fâhan *stv. suscipere: inf.* 24, 7, 2; *adsumere* 24, 3, 4. *präs. conj. sg. III.*
intfahen *čapiant* 16, 4, 1. *prät. ind. sg. II.* anfingi 26, 6, 3.
pi-fâhan *occupare: präs. conj. sg. III.* pifahe 4, 5, 4.
in ka-faldan *stv. implicare: präs. conj. sg. III.* ni in kifalde 5, 4, 4.
fal *stm. casus: np.* falli 3, 4, 3.
fallan *stv. cadere: präs. ind. pl. III.* fallant 25, 7, 3.
faran *stv. pergere: präs. ind. pl. III.* farant 19, 7, 1. farant 19, 8, 3. duruh faran *transire: präs. conj. sg. III.* duruh fare 3, 7, 1. durnch fare 20, 8, 1.
Farao *npr. Pharao: gs.* faraones 21, 3, 4.
faro *adj. im Compos.* rôsfaro.
fart *stf. profectus: gs.* uerti 2, 3, 4. — *Comp.* ubarfart.
fater *stm. pater: ns.* fater 2, 7, 1. 3, 8, 4. 8, 10, 1. fater 9, 1, 4. *gs.* fateres 7, 3, 1. 23, 4, 2. 26, 6, 2; 8, 2. fateres 7, 4, 3. *ds.* fatere 3, 8, 3. 7, 9, 2. 19, 12, 1. 24, 1, 4; 16, 3. 25ᵃ, 1, 2. fatere 1, 1, 4. fatere 6, 7, 2. *as.* fateran 2, 6, 3. 3, 3, 1. 2. 3. 23, 4, 1. fater 26, 1, 3. fater 26, 5, 3.
fater-lih *adj. paternus: nsm.* faterlicher 3, 1, 1. *nsf.* faterlichiu 22, 7, 1. *gsn.* faterliches 7, 7, 2. *dsm.* faterlichemu 2, 1, 3.
faz *stn. im Compos.* leohtfaz.
feddhah *stm. ala: gp.* feddhacho.
feginôn *s.* faginòn.
felahanto *swm. conditor: ns.* 25, 1, 1. — *Zu* felahan.
felaho *swm. conditor: ns.* 1, 7, 4. — *Vgl.* scheffo.
fer *adv. fern:* fer si *absit* 8, 6, 1. fer stante *absistat* 8, 6, 3.
fergôn *swv. poscere: präs. ind. sg. III.* fergot 2, 3, 1.
ferro *swm. nauta: ns.* 25, 4, 1.
festi *adj. firmus: dsm.* festemu 4, 6, 1.
fiant *stm. hostis: ns.* 15, 3, 1. 24, 3, 2. *gs.* fientes 24, 9, 1. *as.* fiant 1, 6, 3. 18, 3, 4. 23, 4, 4. — *Vgl.* heri.
int-findan *stv. sentire: präs. part. nsm.* intfindantor 4, 1, 3.
finstrên *swv. tenebricare: präs. ind. sg. III.* finstret 12, 3, 2.
finstrî *f. tenebrae: as.?* finstri 16, 1, 2. *dp.* finstrinum 14, 2, 3.
feor *num. vier: d.* feorim *quaternis* 18, 1, 1.
firina *stf. crimen: ap.* firino 20, 1, 4.
firra *stf. otium: ds.* firru 15, 1, 4.
first *stm. culmen: gs.* firstes 6, 5, 2.
fiur *stn. ignis: ds.* fiure 22, 4, 1.
fizus *adj. callidus: nsm.* fizuser 18, 2, 3.
fizus-heit *stf. dolus: ns.* 8, 6, 2. *dp.* fizusheitim 4, 4, 3.
fleisc *stn. caro: ns.* 20, 5, 4. *gs.* fleisges 4, 4, 1. 20, 5, 4. fleiskes 24, 4, 4. *ds.* fleisge 19, 10, 2.
flusc *stm. luxus: ns.* 4, 5, 4.

fol adj. plenus: npn. fol 7, 8, 4. folliu 26, 3, 3. apm. folle 7, 6, 3.
folgên swv. sectari: präs. ind. pl. III. folgent 7, 11, 4. conj. pl. III. folgeen
    succedunt 8, 2, 4. part. nsm. folgenti 8, 3, 3.
folch stn. populus: as. folh 26, 11, 1. — Vgl. liut.
fona präp. c. dat. ab: 2, 10, 4. 7, 9, 2. 10, 3, 3. 4. 21, 3, 2; 7, 3. 24, 10, 1.
    25, 2, 4. ex: 6, 4, 3. 7, 3, 3. 8, 6, 1. 24, 5, 1. de: 2, 9, 2. 3, 1, 2. 17, 1, 4.
    19, 3, 4; 5, 2. 21, 3, 3; 6, 2. fona ab 6, 7, 4. fona de 7, 9, 4.
fora 1) adv. ante 24, 4, 2. 2) präp. c. dat. ante: 10, 4, 3. 24, 1, 3 — Vgl.
    fora chunden, fora chuedan, fora kân, fora harên.
fora-haro swm. praeco: ns. 25, 2, 1.
forhtâ swf. metus: gs forhtun timoris 15, 4, 2. ds. forhtun 20, 2, 3. as. forach-
    tvn 20, 6, 3.
fram adv. vorwärts, s. fram pringan, fram halden, fram fuaren.
fram-hald adj. pronus: nsm. framhalder 14, 1, 4.
frau adj. laetus: nsm. frauuer 3, 7, 1. npm. frauue 4, 3, 1. froe 3, 6, 3. dpn.
    frouuem 22, 1, 4.
frauuôn swv. laetari: präs. conj. pl. I. frauuoem 1, 6, 2. part. npm. froonte 1, 8, 4.
frêht stf. meritum: dp. frehtim 24, 15, 3.
ka-frêhtôn swv. mereri: präs. conj. pl. I. kafrehtohem 1, 13, 3.
frecchî f. avaritia: ns. 8, 6, 3.
frî adj. liber; npm. frige 10, 3, 2. dpm. friiem 18, 3, 2.
fridu stm. pax: gs. frido 8, 8, 1.
frisgiue stm. victima: ns. frisgine 7, 10, 2.
frô, frouuan s. frau, frauuan.
frua adv. frühe: frua (var. fruo) in morgan diluculo 3, 7, 2.
fruat adj. im compos. unfruat.
frumi-scaft stf. primordium: ds. frumiscafti 24, 2, 1.
-frumo swm. im compos. ortfrumo.
ka-fuagen swv. coniungere: präs. conj. sg. III. kafuage 5, 5, 4.
fuareu swv. ferre: präs. ind. pl. I. fuaremes 24, 9, 4.
    fram fuaren provehere: präs. ind. sg. III. fram fuarit 3, 8, 1.
    uuidar fuaren revectare: präs. part. nsf. uuidar fuarinti 4, 3, 4. — Vgl.
    auuar tragan.
ka-fuari stn. compendium: ds. kafuarre 22, 3, 3.
fuaz stm. pes: is. fuazziu 19, 2, 3. ap. fuazzi 19, 7, 4.
fûhti adj. humectus: dpm. fuhtem 2, 2, 3.
ar-fullen swv. replere: präs. ind. sg. III. erfullit 22, 7, 4. prät. part. npm. arfulte
    8, 10, 4.
fuus adj. promptus: dsm. funsemu 12, 1, 2.
furahtan swv. formidare: präs. part. nsm. furihtanti 1, 4, 4. apm. furahtante
    paventes 25, 7, 1.
    er-furahtan c. acc pavescere: präs. ind. sg. III. erfurahtit 24, 5, 2.

furi präp. adv. s. furi kangan.
furisto swm. princeps: ds. furistin 21, 1, 4. np. furistun 22, 2, 1. ap. furistun 22, 6, 4.

G. K.

cagan adv. obriam 1, 8, 2. kagani 1, 10, 4. — S. kagan pliuuan, kagan lauffan. in-kagan adv. s. inkagan lauffan.
kagan-lôn stn. as. kaganlon vicem 8, 5, 3.
Galilea npr. Galilea: ds. 19, 6, 3.
kambar adj. strenuus: apf. kambaro 3, 4, 1.
kanc stn. in den composs. sedalcanc, ûfcanc, zuacanc.
kangan stv. gradi: präs. ind. sg. III. kat 14, 2, 2. part. npm. gangante 11, 3, 1. fora kangan: präs. part. dsm. fora kantemu praevio 20, 3, 3. furi kangan praeterire: präs. conj. sg. III. furi gange 9, 2, 2. in kangan intrare: inf. gen. in cannes 18, 2, 4.
cart stm. chorus: ns. 26, 4, 1.
carto swm. im compos. uunnigarto.
cart-sanc stn. chorus: as. 23, 2, 1.
pi-cauman swv. observare: präs. part. nsf. picaumanti 14, 2, 4.
-gauuida stf. im compos. urgauuida.
kauui-mëz stn. gau: ds. in Galilea in kauimizze in Galilea 19, 6, 3; ähnlich in geuimezze 19, 8, 3.
këba stf. munus: ap. kebo 6, 7, 3.
këban stv. dare: präs. ind. sg. II. kipis 25, 1, 3 anm. conj. sg. III. gebe donet 3, 4, 4. kebe det 17, 3, 1. 23, 4, 3. pl. I. kebem 9, 4, 4. part. nsm. kepanti 25, 1, 3. kepenter daturus 24, 15, 2. imp. sg. kip tribue 2, 9, 2. gip tribue 16, 2, 4. prät. ind. sg. II. kapi donasti 7, 2, 4. capi donasti 24, 6, 2. cabi 24, 2, 4; 7, 3. conj. sg. II. cabis donares 24, 11, 4. part. nsm. kakepan 7, 10, 2.
ar-këban reddere: präs. conj. sg. III. argebe 20, 6, 4. prät. part. nsm. crkepan (ist) redit 25, 6, 1. nsn. harcheban ist 12, 2, 4. dsn. arkepanemu 8, 1, 1. npm.?: argepan 21, 5, 4.
keili f. superbia: ns. 8, 6, 2. ds. keili pompa 19, 3, 3.
keist stm. spiritus: ns. keist 5, 4, 2. gs. keistes 3, 6, 4. ds. keiste 2, 6, 3. — Vgl. âtum.
këltan stv. reddere: inf. 23, 3, 4. präs. conj. pl. I. keltem 8, 5, 3. 19, 11, 4; solvamus 6, 7, 3. 25, 8, 4.
kërôn swv. desiderare: prät. part. asn. kakerotaz 19, 8, 4.
ka-keozzan stv. fundere: präs. part. nsm. kageozzanti refundens 20, 2, 1. prät. part. nsn. kicozan ist 22, 5, 2.
auur (ka)keozzan refundere: prät. part. nsf. auur kicozzan (ist) 25, 6, 2.
in-keozzan infundere: imp. sg. ingiuz 3, 2, 4.

keozzo *swm. fretum: np.* kiozun 25, 4, 2.
keuui-mëz *s.* kauuimez.
kift *stf. munus: ds.* cifti 7, 1, 3. *ap.* gifti 7, 2, 2. kifti 24, 11, 4.
in-kinnan *stv. inchoare: prät. part. nsf.* incunnaniu 7, 4, 3.
kitagî *f. gula: as.* 4, 5, 2.
clîz *stm. nitor: ns.* 5, 2, 2. — *Vgl.* scôni.
clîzzan *stv. glänzen: präs. part. npm.* clizzante candidi 21, 1, 2.
far-cnîtan *stv. delere: prät. ind. sg. III.* farcneit 1, 3, 4.
como *swm. im compos.* prûtigomo.
cot *stm. deus: ns.* cot 1, 12, 2. 2, 1, 1. 6, 1, 1. kot 7, 3, 3; 8, 2. 14, 1, 1. cot 26, 3, 2. *gs.* kotes 7, 9, 3. 8, 1, 3. 9, 2, 2. 10, 1, 1. 13, 2, 1. cotes 20, 1, 1. cotes 26, 8, 1. *ds.* kote 7, 3, 3. 19, 12, 1. 21, 2, 4. cote 23, 1, 2. 24, 4, 3. 25ª, 1, 2. cote 6, 7, 1. *as.* cot 23, 3, 1. 26, 1, 1.
kot-chund *adj. divinus: nsf.* kotcund 6, 6, 4. *dsm.* kotcunddemu 7, 3, 2. *dpf.* kotkundem 7, 5, 4.
kot-chundî *f. deitas: ns.* kotcundi 10, 4, 2. *ds.* kotcundi divinitati 9, 4, 3.
crap *stn. tumulus: ds.* crape 21, 6, 1.
cremizzi *adj. tristis: npm.* cremizze 19, 5, 1.
crimmi *adj. crudelis: dsn.* crimmemu 19, 5, 3. *apn.* chrimmiu diru 1, 5, 2.
krîsan *stv. s.* ka-risan.
cruapa *stf. im compos.* hellacruapa.
cruazzen *swv. provocare: präs. ind. sg. III.* cruazzit 12, 1, 4.
   ka-cruazzen *provocare: präs. conj. sg. III.* kakruuazze 4, 5, 1. cacruaze 5, 5, 3. kacruazze *incitet* 15, 3, 1.
cuat *adj. bonus: nsm.* cuater 24, 14, 4.
cuat *stn. bonum: ds.* kuate 8, 5, 4. cuate 23, 3, 2.
upar cussôn *swv. affluere: präs. conj. pl. III.* upar cussoen 8, 9, 3.

H.

habên *swv. tenere: präs. ind. sg. II.* hebis 6, 2, 1. *sg. III.* hebit 8, 3, 2; *habet* 1, 3, 1. *part. npm.* habente 11, 1, 1. 13, 2, 2.
   pi-habên: *präs. ind. sg. III.* pihebit *detinet* 15, 2, 3. *conj. sg. III.* pihabee *occupet* 8, 7, 1. *prät. part. npm.* pihabet uuarun *tenebantur* 24, 6, 3.
   int-habên *continere: präs. ind. sg. II.* inthebis 2, 7, 1.
haft *adj. in den composs.* deodraft?, erhaft, lichamhaft, triuhaft, uurachaft, uuârhaft.
hald *adj. im compos.* framhald.
halla *stf. templum: gs.* halla 24, 8, 1.
hals *stm. cervix: ap.* halsa 23, 2, 2.
ka-haltan *stv. conservare: inf.* kehaltan *custodire* 26, 13, 2. *präs. conj. sg. II.* kihaltes 7, 2, 2. *sg. III.* kahalte 8, 8, 1. *pl. III.* cahaltan *custodiant* 17, 3, 3.

imp sg. kahalt *osanna* 6, 5, 2. 7, 9, 1. *prät. part. nsm.* kahaltan ist *custoditur* 19, 3, 2. *asm.* kehaltan *salvum* 26, 11, 1.
ka-haltanî *f. pudicitia: gs.* kahaltini 18, 3, 1.
hamo *vgl. die composs.* lichamo, lichamilo, lichamhaft.
hangên *swv. pendere: präs. ind. pl. III.* hangent 22, 5, 1.
hano *swm. gallus: ns.* 25, 5, 2. 4. *ds.* henin 25, 6, 1.
hant *stf. manus: np.?* henti 22, 4, 4.
hantheizzâ, hantreitî *s.* antheizzâ, antreiti.
harên *swv. clamare: präs. ind. sg. III.* haret 19, 4, 4. - *Vgl.* fora-haro.
 fora harên *proclamare: präs. ind. pl. III.* fora harent 26, 2, 4.
haubit-pant *stn. corona: dp.* hohubitpantum 7, 11, 3.
er-heffan *stv. extollere: imp. sg.* erheui 26, 11, 3.
hentin *s.* êht.
heil *adj. in compos.* unheil.
heilac *adj. sacer: asn.* heilac 13, 2, 1.
heilagôn *swv. sancire: präs. part. nsm.* heilagonti 8, 2, 3. *prät. part. nsn.* keheiligot 22, 5, 2.
heilant *stm. salvator: ns.* 2, 6, 1. 7, 1, 2; *Jesus* 25, 7, 1. *ds.* heilante *Jesu* 1, 16, 3. *as.* heilant *Jesum* 20, 3, 2.
heilî *f. salus: ns.* 1, 4, 1. 25, 6, 2. *gs.* heili 12, 2, 2. 13, 2, 4. 24, 7, 4.
heit *stf. in den composs.* fizusheit, uuizzantheit.
heitar *stn. s.* eitar.
heitar *adj. clarus: nsm.* heitarer 4, 2, 4; *serenus* 20, 1, 2. *dsm.* heitaremu 19, 9, 1. *dsn.* heitaremu 14, 1, 1. *apn.* heitariu 1, 8, 3; *splendida* 1, 10, 2. — *Comp.* duruhheitar.
 heitaristo *sup.: dsn.* heitiristin 12, 3, 1.
heitareu *swv. serenare: präs. ind. sg. III.* heitarit 5, 3, 4.
heitarnissa *stf. iubar: ns.* 3, 2, 3.
ka-heiz *stm. promissum: dp.* kaheizzam 5, 5, 3. — *Vgl. comp.* antheizzâ.
hëlfa *stf. auxilium: ns.* 17, 3, 1. *as.* 23, 4, 3.
hëlfan *stv. subvenire: imp. sg.* hilf 26, 9, 2. *präs. part. dsf.* helfantern *favente* 8, 1, 4.
hëlfant *stm. auditor: ns.* 6, 6, 1.
hella *stf. hölle: dp.* za hellom *ad inferos* 24, 11, 1.
hella-cruapa *stf. baratrum: ds.* hellacruapo 21, 6, 2.
hella-uuizzi *stn. tartara: as.* 19, 2, 2.
hengen *swv. cedere: präs. conj. sg. III.* henge 4, 4, 3.
 ka-hengen *consentire: präs. conj. sg. III.* kahenge 16, 3, 3.
-hengida *stf. im comp.* ûfhengida.
henstî, hentrisc *s.* anst, entrisc.
bêra, bërda *s.* êra, ërda.
heri *stn. exercitus: ns.* 26, 4, 4. *as.* heri *hostem* 23, 4, 4. — *Vgl.* fiant.

hêriro *swm. senior: gpm.* bererono 7, 6, 1.
hĕrro *swm. sabaoth: vs.* 6, 5, 1. 7, 8, 2. 26, 3, 2.
hĕrzâ *swn. cor: ns.* 16, 4, 2. *ds.* hercin 2, 10, 3. *dp.* herzon 8, 6, 1. *ap.* herzun 19, 11, 2.
himil *stm. caelum: ns.* 7, 8, 3. 19, 1, 2. 22, 7, 4. *gs.* himiles 2, 1, 1; 3, 3. 5, 3, 3; *aetheris* 5, 1, 1. himiles 7, 1, 1. *ds.* himile 7, 11, 2. *as.* himil *polum* 2, 1, 2; 4, 2. 25, 3, 2. *np. himila* 26, 2, 1; 3, 3. *gp.* himilo 6, 2, 1. 17, 2, 3. 26, 7, 4. *ap.* himila 2, 7, 1.
himilisc *adj. caelestis: gsf.* himiliskera 22, 2, 2. *gsn.* himilisces 1, 7, 4. himilesges 11, 3, 3. *asf.* himiliska 7, 5, 2.
himil-zeichan *stn. sidus: gp.* himilzeichano 4, 2, 3.
hiunisgi *stn. familia: gs.* hiuuisges 9, 1, 4.
hizza *stf. calor: ds.* hizzu 3, 5, 3. *dp.* hizzom *aestibus* 4, 4, 2.
hôh *adj. altus: vsm.* hoher *excelse* 14, 3, 1. *vsf.* hoiu 6, 3, 1. *gsn.* hohes 6, 6, 3. hôhiro *comp.: nsn.* hohira *sublimius* 20, 6, 1.
hôhî *f. höhe: ds.* fona hoi *ex alto* 6, 4, 3. *dp.* fona hohinum *de excelsis* 7, 9, 4. in hohinum *in altissimis* 17, 2, 4.
horsco *adv.:* so horsco *quantocius* 19, 6, 4.
holdâ *swf. im comp.* unholdâ.
ka-huckan *swv. meminisse: imp. sg.* gihugi 16, 6, 1.
hungar *stm. fames: ns.* 4, 5, 3. 8, 9, 2.
huct *stf. sensus: dp.* huctim 25, 8, 1. — *Comp.* inhuct.

I.

ibu *conj. si* 25, 7, 3. — *Vgl.* ubi.
îlîco *adv. propere* 19, 8, 2.
im, imu s. ĕr.
in 1) *präp.* a) *c. dat.* 1, 6, 2. 1, 11, 3. 3, 2, 1; 8, 3 4. 6, 2, 2. 7, 9, 3. 8, 5, 4. 9, 3, 3; 4, 1. 11, 2, 3. 12, 2, 1. 15, 3, 4. 16, 2, 3; 6, 2. 17, 2, 3. 4; 3, 4. 19, 6, 3; 8, 2; 10, 2; 12, 4. 21, 2, 2; 7, 2. 22, 7, 1. 2. 3. 23, 1, 4; 3, 2 24, 2, 1. 26, 8, 2; 16, 2. b) *c. acc.* 1, 12, 4. 2, 5, 4. 3, 7, 2. 5, 2, 4. 20, 3, 4. 22, 8, 4. 25ª, 1, 4. 26, 11, 4. 15, 2. 2) *adv., s.* in kafaldan, in kangan, in kaleitten.
inan *s.* ĕr.
in-huct *stf. sensus: ns.* 15, 5, 4. *ds.* inhucti 8, 7, 3. 15, 4, 1. *dp.* inhuctim 3, 2, 4.
innôdi *stn. viscera: np.* innodi 22, 5, 1.
inti *conj. et* 1, 6, 3; 11, 2 3. 3, 1, 3; 3, 1; 5, 1; 8, 4. 4, 1, 2; 2, 4; 3, 2. 6, 2, 2; 6, 2. 7, 7, 1; 11, 3. 13, 3, 1. 16, 1, 1. 19, 4, 2 20, 4, 1. 21, 6, 4. 22, 1, 2; 2, 2. 4; 4, 2. 23, 4, 1. 24, 8, 2; 13, 1. 25, 1, 3; 5, 3; 7, 2; 8, 4. 25ª, 1, 3. inti 26, 2, 2; 3, 2; 11, 3; 12, 2. inte 9, 3; 2. inti — inti *et* — *et* 10, 4, 3. inti — inte 19, 12, 4. inti ioh *atque* 7, 8, 3.

inu *conj. nam* 24, 8, 1.
io *s.* eo-.
irâ *s.* siu.
irri *adj. vagus: nsn.* irri 9, 3, 3. *asn.* irraz 15, 4, 3.
irri-tuom *stm. error: gp.* irrituomo 25, 3, 3.
iru *s.* ër.
Isruhel *npr. Israhel* 1, 6, 1. — *Vgl.* liut.
it-uuizlîh *adj. probrosus: apf.* ituuizlicho 20, 1, 4. — *Vgl.* unchûski.

J.

gëhan *stv. confiteri: präs. ind. sg. III.* gihit 26, 5, 2. *pl. I.* gehemes 26, 1, 2. *part. dpm.* gehantem 23, 2, 4. gehanten 24, 12, 4.
giû *adv. iam* 1, 9, 4. 2, 2, 1; 3, 1; 4, 1. 4, 2, 1; 3, 1. 5, 2, 1. 3; 3, 1. 14, 2, 1. 19, 4, 1; 9, 3. 21, 4, 1.· 24, 4, 2. 25, 2, 1; *quondam* 11, 2, 3.
ioh *conj. ac* 1, 1, 4. 16, 2, 2; *et* 15, 1, 2; *que* 1, 2, 3; 11, 1. 2, 1, 2; 3, 2; 4, 3; 5, 2; 6, 2; 7, 4. 3, 2, 1; 2, 3; 6, 1. 2. 5, 2, 3; 3, 3. 6, 3, 3; 6, 4; 7, 1. 8, 2, 2. 16, 1, 3. 19, 12, 2. 20, 2, 2; 3, 3; 4, 3; 6, 3. 4; 7, 2. 22, 3, 2. 23, 1, 3. 25, 1, 2; 4, 2; 7, 4; 8, 2. inti ioh *atque* 7, 8, 3.

CH.

chamara *stf. aula: gs.* 22, 2, 3.
char *stn. im compos.* leohtchar.
charchari *stm. carcer: ns.* 1, 12, 1. *ds.* charchare 1, 11, 3.
chauf *stm. im comp.* urchauf.
ar-chuuffen *swv. redimere: prät. ind. sg. II.* archauftos *mercatus es* 16, 5, 4. *conj. sg. II.* erchauftis 24, 4, 1. *part. nsn.* archaufit 21, 5, 3. *apm.* archaufte 24, 10, 4.
chaufo *swm. redemptor: vs.* 22, 8, 1.
chelih *stn. patera: ap.* chelicha 7, 6, 4.
ar-chennen *swv. agnoscere: prät. part. dsn.* archantemu 19, 8, 1.
cerubyn *npr. cerubin* 7, 7, 1.
chetinna *stf. catena: ds.* chetinnu 19, 2, 4.
chind *stn. natus: gp.* chindo 1, 5, 2.
chirîchû *swf. ecclesia: gp.* chirichono 22, 2, 1.
chlâuua *stf. ungula: dp.* chlauuon 22, 4, 3.
zua chlîban *stv. adhaerere: präs. part. asm.* zua chlibantan 20, 4, 3. *npm.* zua clibante 13, 3, 2.
chlimban *stv. scandere: nsm.* chlimbanter 2, 3, 3.
chlochôn *swv. pulsare: präs. part. npm.* chlochonte 1, 9, 3.
chnëht *stm. miles: np.* chnehta 22, 2, 3.

chorôn *swv. gustare: präs. part.* choronto *gustando* 21, 2, 4.
ka-chorôn *attemptare: präs. conj. sg. III.* kachoroe 18, 2, 4.
choruuga *stf. temptatio: ds.* chorungo 2, 10, 1.
chraft *stf. virtus: gs.* crefti 11, 1, 4; chrefti 12, 2, 4. *ds.* chrefti 13, 3, 4. *dp.* chreftim *viribus* 19, 2, 2; creftim 7, 4, 4. *ap.* chrefti *vires* 24, 9, 1. 25, 4, 1. — *Compos.* meginchraft.
untar chrĕsan *stv. subrepere: präs. conj. sg. III.* untar chręse 15, 4, 1.
untar-chriffen *swv. subripere: präs. conj. sg. III.* untarchriffe 16, 3, 2.
chrimmi *adj. s.* crimmi.
Christ *npr. Christus: ns.* 3, 6, 1. 17, 1, 2. 21, 4, 1; 6, 1. *ch*rist 26, 6, 1. *vs.* christ 1, 12, 2. 4. 8, 4, 1. 16, 1, 1. 19, 11, 1. crist 7, 1, 1. *gs.* christes 1, 6, 4. 2, 4, 3. 8, 1, 4. 10, 1, 4. 13, 3, 4. 19, 10, 2. 22, 6, 3. *ch*ristes 22, 1, 1. *ds.* christe 4, 6, 4. 8, 10, 3. 21, 1, 4. 23, 1, 3. criste 5, 5, 4. criste 6, 7, 1; criste *Jesu* 23, 1. 3. *as.* christ 1, 11, 3. 20, 4, 3. 23, 4, 1. *ch*ristan 19, 9, 3.
chrûzi *stn. crux: gs.* crucez 6, 3, 3. 7, 1, 3. chruzes 10, 2, 3. 12, 2, 4. 21, 2, 2. *as.* chruci 20, 3, 1. 24, 7, 1; 9, 2.
chumft *stf. adventus: ds.* chumfti 1, 8, 2. 4, 2, 2.
chumftic *adj. venturus: nsm.* chumftiger 6, 1, 3. 26, 8, 3. chumftiger 1, 7, 3. *gsn.* chumftiges 1, 13, 2.
-chund *adj. im compos.* cotchund; *vgl.* cotchundi.
fora chunden *swv. pronuntiare: präs. part. nsf.* fora chundenti 18, 1, 3.
chundo *swm. angelus: ns.* 1, 3, 2. — *Compos.* urchundo. — *Vgl.* poto.
chuninc *stm. rex: ns.* 19, 2, 1; *vs.* 1, 13, 1. 6, 5, 4. 19, 11, 1. 26, 6, 1. cuning 24, 1, 1.
chunni *stn. genus: gs.* chunnes 24, 3, 2. *dp.* chunnum *gentibus* 7, 2, 4.
churt *adj. brevis: dsf.* churteru 20, 3, 2.
chûski *adj. im compos.* unchûski.
chussen *swv. osculare: präs. ind. pl. III.* chussant 19, 7, 4.
chust *stf. im compos.* âchust.
chuĕdan *stv. dicere: inf.* chuuedan 19, 7, 2. *präs. ind. pl. I.* uuela quhedemes *benedicimus* 26, 12, 1. *conj. pl.* 1. chuuedem 1, 1, 3. chuedem 9, 4, 2. 12, 1, 1. *part. npm.* chuedente 13, 1, 4. *dpm.* quhedenten 23, 1, 2. *prät. ind. sg. I.* quohad *inquam* 2, 8, 1.
    fora chuĕdan *praedicere: präs. ind. sg. III.* fora chuuidit 19, 6, 2.
chuĕman *stv. venire: präs. part. dsm.* chuementemu *advenienti* 1, 10, 3. *prät. ind. sg. II.* chuami 6, 4, 4. 7, 9, 4. *sg. III.* qhuam 20, 3, 4.
    az chuĕman *advenire: präs. conj. sg. III.* az quheme 2, 7, 3.
chuĕnû *swf. mulier: dp.* chuuenom 19, 6, 2.
chuĕran *stv. gemere: präs. conj. sg. III.* chuere 20, 8, 4.

L.

ka-ladôn *swv. advocare: präs. part. nsm.* kaladonti 15, 3, 3.
lâgôn *swv. insidiari: präs. part. apm.* lagonte 16, 5, 2.
lachan *stn. velum: ns.* 24, 8, 1.
lâchi *stm. medicus: ns.* 24, 14, 4.
lam *adj. debilis: apf.* lamo 13, 3, 3.
lamp *stn. agnus: ns.* 7, 10, 1. 21, 4, 2. *gs.* lambes 12, 2, 3. 21, 1, 1. *lambes* 1, 5, 4.
lant *vgl. compos.* elilenti.
ka-lauba *stf. fides: ns.* 3, 5, 3; 6, 2; 7, 3. 6, 3, 1. 15, 5, 3. kilauba 5, 5, 2. 25, 6, 4. kelauba 22, 6, 1. *gs.* calauba 6, 6, 1. kalauba 15, 2, 4. kelauba 24, 9, 4. *ds.* kalaubu 10, 1, 1. 20, 3, 2; *credulitate* 8, 8, 4. *as.* kalaupa 20, 2, 1. kalaupa 8, 4, 4.
ka-lauban *swv. credere: inf.* [za] kelaupanne pist *crederis* 26, 8, 3. *präs. ind. pl. I.* kalaupemes 10, 1, 2 kelaubemes 24, 5, 4. *part. gpm.* kalaupantero 1, 12, 4. keloubentero 22, 6, 2. *dpm.* calaupentem 26, 7, 3. *prät. part. nsm.* calaupit ist *creditur* 1. 7, 3. kalaupit pist *crederis* 16, 1, 3.
ka-laubîc *adj. fidelis: dsm.* kalaubigemu 4, 6, 3. *npm.* kala*u*bige 2, 8, 3. *gpm.* kalaubigeru 8, 3, 1. *dpm.* kalaubigen 12, 2, 1. — *Compos.* unkalaubic. — *Vgl.* triuhaft.
kakan (h)lauffan *stv. occurrere: präs. conj. pl. I.* kakan lauffem 1, 10, 4.
inkakan (h)lauffan *occurrere: präs. ind. pl. III.* inkagan louffant 1, 8, 1.
(h)lauft *stm. cursus: as.* lauft 3, 8, 1. *dp.* lauftim 5, 1, 3. — *Compos.* anahlauft.
laugenen *swv. negare: präs. part. apm.* laugenente 25, 5, 4.
laugîn *adj. flammeus: dpm.* lauginem 2, 3, 2.
lâzzan *stv. sinere: präs. conj. sg. III.* ni lazzes *ne siveris* 2, 10, 2.
  pi-lâzzan *ignoscere: imp. sg.* pilaz 24, 12, 3. 4.
  far-lâzzan 1) *deserere: präs. ind. sg. III.* farlazzit 2, 4, 2. ferlazit 25, 3, 4. *prät. part. nsm.* farlazzan ist *linquitur* 2, 4, 1. 2) *remittere: präs. ind. pl. I.* farlazzemes 2, 9, 4. *imp. sg.* farlaz 2, 9, 3.
  int-lâzzan *cedere: präs. ind. sg. III.* intlazit 4, 2, 1. *relaxare: präs. conj. sg. III.* intlaze 15, 1, 4. — *Vgl.* antlâzzida.
lëbên *swv. vivere: inf.* lepen 19, 7, 3. *präs. ind. pl. I.* lebemes 10, 1, 1. lepemes 21, 2, 4.
leidlîchên *swv. horrere: prät. ind. sg. II.* leithlichetos 26, 6, 4.
leitten *swv. ducere: präs. conj. pl. I.* leittem 4, 6, 4. leitem 8, 10, 2. *prät. part. nsm.* kaleitter 10, 2, 1.
  in (ka-)leitten *swv. inducere: prät. part.* in caleitit [uucsan] *induci* 2, 10, 2.
leitid *stm. dux: as.* leitid 7, 11, 4. *ap.* lcitida 22, 2, 2.
-lenti *im compos.* elilenti.

leoht *stn. lux: ns.* 8, 3, 1. 15, 2, 4. 16, 1, 1; *lumen* 2, 1, 1; 5, 2. 16, 1, 3. lioht 25, 2, 3. *vs.* leoht 3, 1, 3. 4, 1, 2. lioht 25, 8, 1. *gs.* leohtes 2, 1, 2; 5, 2. 3, 1, 3. 4, 1, 1; 1, 4. 6, 3, 4. 16, 1, 3. 19, 1, 1; *luminis* 3, 1, 3. 6, 1, 1. 7, 7, 2. *ds.* leohte 3, 1, 2. 8, 1, 1. 12, 3, 1; *lumine* 8, 3, 4. 14, 1, 1. 20, 1, 2. *as.* leoht 3, 1, 2. 14, 4, 4; *lumen* 4, 2, 3. 5, 1, 2. 16, 1, 4. *np.* leoht 22, 2, 4.

leohtan *swv. illuminare: präs. part. nom.* leohtanter 3, 1, 4. — *S.* kaliuhten.
in-leohtan *illuminare: präs. part. nsm.* inleohtanter 20, 2, 2.
leoht-faz *stn. lampas: ap.* liotfaz 1, 8, 3.
leoht-char *stn. lampas: ap.* leotkar 1, 9, 2.
far-leosan *stv. perdere: prät. part. asm.* farloranan [unesan] *perisse* 20, 8, 7. *asn.* farloranaz 10, 2, 4.
lêren *swv. docere: präs. ind. sg. III.* lerit 9, 2, 4.
ka-lësan *stv. colligere: präs. ind. sg. III.* kelisit 25, 4, 1.
ar-lesken *swv. extinguere: prät. part. apn.* arlasctiu 1, 9, 2.
lîp *stm. vita: ns.* 20, 7, 3. 4. *gs.* libes 6, 7, 3. 11, 3, 4. 22, 5, 4. 24, 11, 4. lipes 21, 5, 4. *ds.* libe 17, 3, 4 *as.* lip 5, 4, 3. 20, 4, 4; 6, 4. 22, 3, 4.
pi-lîban *stv. remanere: präs. ind. pl. III* pilibant 1, 9, 1. — *Vgl. compos.* unbilibanlih.
lid *stn. potus: ns.* 3, 6, 2. *as.* lid *poculum* 8, 7, 4.
ka-lîdan *stv. abscedere: präs. conj. sg. III.* kalide 14, 4, 2.
lickan *stv. iacere: präs. part. apm.* lickante 25, 5, 2.
ka-lîh *adj. similis: asn.* kalichas 24, 2, 4. — *Vgl. die composs.* adallih, allih, angustlih, epanlih, egislih, eocalih, eocauuelih, faterlih, ituuizlih, loplih, morganlih, nahtlih, östarlih, radalih, siganumftilih, snellih, suntlih, tiurlih, triulih, unbilibanlih, urtruhtlih, uuizaclih, uuntarlih; — *vgl.* leidlichên.
far-lîhan *stv. praestare: präs. ind. pl. III.* farlihant 7, 5, 2. *imp. sg.* farlihc 8, 10, 1.
-licha *stf. im compos.* manalicha.
lih-hamo *swm. corpus: ns.* lihamo *caro* 21, 4, 4. *gs.* lichamin 22, 3, 2. 24, 3, 3. *ds.* lichamin 2, 8, 4. 16, 6, 2. lihamin 3, 5, 2. 4, 6, 2. 15, 3, 4. 17, 1, 4. 20, 4, 2. *ap.* lihamun 15, 1, 3. lihamon 18, 4, 2.
lihham-haft *adj. corporeus: dsm.* lichanaftemu 19, 9, 4.
lichamilo *swm. corpusculum: ns.* 21, 2, 1.
lichên *swv. placere: präs. part. npm.* lichente 8, 10, 3.
ka-lîchisôn *swv. simulare: prät. part. nsf.* kalichisotiu 8, 8, 2.
ka-lihnissa *stf. imago: gs.* kilihnissa 24, 2, 3. *as.* kilihnissa *formam* 24, 3, 3. — *Vgl.* pilidi.
ka-limfan *stv. competere: präs. part. asn.* kalimfanti 8, 7, 3.
ka-liuhten *swv. illuminare: präs. conj. sg. III.* kaliuhte 15, 2, 4. — *S.* leohtan.
liut *stmn. populus: ns.* liut *plebs* 21, 5, 3; *israhel* 1, 6, 1. *ds.* liute 17, 2, 2. *as.* liut 21, 7, 4. 26, 11, 1. — *Vgl.* folch *und* Israhel.

lop stn. laus: ns. 6, 5, 3. 25ª, 1, 1. as. lop 1, 1, 3; hymnum 24, 12, 2. dp.
lobum 1, 13, 4. lopum 9, 1, 1. 19, 1, 2. ap. lop 5, 3, 1. 9, 4, 2. 12, 1, 1.
19, 11, 3. 22, 1, 3. 23, 1, 2. lob 13, 1, 3.
lob-haft adj. laudabilis: nom. lobafter 17, 2, 1.
lob-lîh adj. laudabilis: nsf. loplichiu 26, 4, 2.
lobôn swv. laudare: inf. za lobone laudanda 1, 2, 4. präs. ind. pl. I. lobomes
1, 12, 2. 7, 12, 4. 26, 12, 2. lobomes 26, 1, 1. pl. III. lobont 7, 5, 4.
conj. sg. III. lobo 26, 4, 4.
saman lobôn collaudare: präs. part. npm. samant lobonte 1, 11, 4.
lop-sanc stn. hymnus: as. 25ª, 1, 1.
lohazen swv. rutilare: präs. ind. sg. III. lohazit 19, 1, 1.
lôn stnm. praemium: ds. lone 11, 3, 4. 20, 3, 1. np. loua 21, 5, 4. ap. lon
munera 22, 2, 1. — Compos. kaganlôn.
lônari stm. remunerator: ns. 24, 15, 4.
lônôn swv. munerari: prät. part. lonot [uuesan]? 26, 10, 2.
lôs adj. im compos. kanâdilôs.
ar-lôseu swv. solvere: inf. za arlosanne ad liberandum 26, 6, 3. präs. conj. sg. III.
arlose 20, 6, 3. imp. sg. arlosi libera 2, 10, 4. prät. ind. sg. III. arloste
10, 3, 4. part. dpm. arlostem 19, 4, 1.
ar-lôsida stf. absolutio: ns. 20, 2, 4.
lucci adj. fallax: nsm. 15, 4, 4. luccer 15, 3, 1.
ant-lûchan stv. pandere: präs. ind. sg. II. inluchis 2, 1, 4. — Vgl. spreitten.
pi-lûchan claudere: präs. part. nsf. piluchanti concludens 14, 2, 3. prät.
part. nsm. pilochaner 19, 3, 1. dsf. pilohaneru 1, 9, 4.
(h)lût-mâri adj. publicus: dsf. lutmarreru 19, 10, 4.
(h)lûttar adj. purus: dsm. lutremo 2, 10, 3.
(h)lûttarî f. sinceritas: gs. lutri 21, 4, 3.
(h)lûtten swv. sonare: inf. lutten 5, 3, 1. präs. ind. sg. III. lutit 25, 2, 1.
pl. III. lutant personant 7, 7, 4. conj. sg. III. lutte 25, 8, 3.
ka-(h)lûtten desonare: präs. ind. pl. I. kaluttemes 7, 12, 3.
-lutti stn. im compos. antlutti.
lûzzêu swv. latere: präs. part. gpf. luzzentero 24, 14, 3.
-luzzi stn. im compos. antluzzi.
-luzzi adj. im compos. cinluzzû.
luzzil adj. klein: dsn. luzzilemu kascribe chirographo 10, 3, 4.

M.

magad stf. virgo: ds. magidi 24, 5, 1. np. magadi 1, 8, 1.
magan anv. posse: präs. ind. sg. III. mak 20, 6, 1. mac 24, 13, 2. conj. sg. III.
megi 24, 10, 3. part. nsm. maganti 2, 5, 3. nsf. magantiu 2, 5, 4.
magister stm. magister: gs. magistres 13, 2, 3.

ka-machadî *f. consortium:* ds. kamachadiu 22, 8, 2.
ka-machida *stf. contubernium:* as. kimachida 24, 4, 4.
ka-machôn *swv. iungere: präs. conj. sg. II.* kemachoes 22, 8, 3. *prät. conj. sg. II.* kimachotis *coniungeres* 24, 4, 3.
mahtîc *adj. potens: nsm.* machtiger 2, 5, 4. mahtiger 6, 3, 2. *gsf.* mahtigera 3, 3, 3. — *Compos.* almahtic.
-mâli *stn. im compos.* ôtmâli.
man *stm. homo: asm.* man 24, 2, 2; 4, 1. mannan 24, 7, 1. 26, 6, 3.
manac *adj. multus: apm.* manege 24, 8, 3.
managî *f. multitudo: ns.* 7, 6, 1; 11, 1.
mana-lîcha *stf. imago: np.* (?) manalicho 15, 4, 4.
far-manên *swv. spernere: präs. part. npm.* farmanente 1, 6, 3. *prät. part. dpn.* fermane[n]tem 22, 3, 2.
mannaschîn *adj. humanus: gsn.* mannaschines 24, 3, 2.
mâno *swm. luna: as.* manun 5, 1, 2.
manôn *swv. admonere: präs. ind. sg. III.* manot 1, 1, 2. 9, 1, 3.
mâri *adj. im compos.* (h)lûtmâri.
marcha *stf. terminus: dp.* marchon 13, 1, 2.
megin-chraft *stf. maiestas: gs.* meginchrefti 26, 3, 4; 5, 3.
meisto *adj. sup. summus: vsm.* 7, 1, 2.
meldên *swv. prodere: prät. part. nsf.* kameldetiu 13, 2, 4.
menden *swv. gaudere: prät. ind. sg. III. man*dta 1, 5, 3.
mendî *f. gaudium: ds.* 1, 8, 4. 19, 9, 1. 21, 7, 2. menidi (?) 22, 7, 4. *np.* mendi 4, 4, 1. *dp.* mendinum 15, 3, 2.
meri *stn. mare: gs.* meres 21, 1, 3.
mēz *stn. mass: instr. sg.* thiu mezu *quemadmodum* 26, 15, 2. — *Compos.* kauuimez; *vgl.* unmezzic.
mēzzan *stv. im compos.* ungimezzan.
midan *stv. vitare: präs. conj. pl. I.* midem 5, 4, 1.
michil *adj. magnus: gsm.* so michiles *tanti* 12, 3, 4. *dsf.* mihileru 1, 8, 4.
miu *conj. ne* 18, 2, 3.
minna *stf. caritas* 5, 4, 4. 8, 8, 2. 20, 6, 3. 22, 6, 3. *gs.* minna 10, 1, 3.
minnôn *swv. diligere: präs. ind. pl. III.* minnont 16, 4, 4.
mit *präp. cum:* 1) *c. dat.* 2, 6, 3. 6, 7, 2. 24, 1, 4; 16, 3. 4. 25ª, 1, 3. 26, 10, 1. 2) *c. instr.* 19, 12, 3. 23, 3, 3.
mitti *adj. medius: ns.* mitti tak *meridies* 3, 7, 3. 12, 3, 2. *gs.* mittes takes *meridie* 17, 1, 1. *gsf.* mittera 1, 1, 1; 11, 1.
morgan *stm. morgen: as.* frua in morgan *diluculo* 3, 7, 2.
morgan-lîh *adj. im compos.* aftermorganlîh; *oder ist etwa* 9, 1, 1 after morganlichem lopum *zu lesen?*
môtten *swv. admonere: präs. ind. sg. III.* motit 5, 3, 2.
muadi *adj. fessus: asn.* muadaz 15, 2, 3. *apm.* muade 15, 1, 3.

ar-muait *adj. part. fessus: apm.* armuate 14, 3, 3.
muas *stn. cibus: ns.* 3, 6, 1. *gp.* muaso 18, 4, 1. — *Compos.* nahtmuas.
muat *stn. mens: ns.* 3, 7, 4. 4, 4, 4. 9, 3, 3. 18, 3, 2. *gs.* muates 5, 2, 3. 6, 1, 4. *ds.* muate 4, 6, 1. 9, 3, 1. 24, 5, 4. *as.* muat 3, 5, 1. 8, 7, 1. 15, 2, 3; 4, 3. *dp.* muatum 14, 4, 1. muatum 22, 1, 4. *ap.* muat 1, 10, 2; *animos* 9, 3, 4.
mullen *swv. conterere: präs. ind. sg. II.* mulis 24, 9, 2.
mund *stm. os: ds.* munde 7, 3, 2. *ap.* munda 25, 8, 4.
mûzzôn *swv. mutare: präs. part. nsm.* mòzzonti 20, 3, 1.

N.

ka-nâda *stf. misericordia: ns.* kanada 26, 15, 1.
ka-nâdîc *adj. pius: dsf.* kanadigeru 11, 1, 2.
ka-nâdîgòsto *sup. clementissimus: vsm.* 19, 11, 1.
ka-nâdi-lôs *adj. impius: npm.* kanadilose 19, 5, 4.
nâhi *adj. proximus: dsm.* nahemu 4, 2, 1.
naht *stf. nox: ns.* 4, 2, 2. 5, 2, 1. 14, 3, 4. *gs.* nahti 1, 1, 1. 2, 4, 1. 15, 2, 1; 3, 3. 16, 1, 2. naht 23, 1, 1. 25, 2, 2; 8, 2. *ds.* nahte 16, 2, 2. nahti 25, 2, 4. *as.* naht 4, 1, 3; 3, 3. 8, 2, 2; 3, 3. 15, 1, 2. 16, 2, 4. 18, 1, 4. 25, 1, 2; 2, 4. *dp.* nahtim 5, 1, 1.
naht-lîh *adj. nocturnus: nsn.* nohtlih 25, 2, 3. *dsn.* nahtlicheme 24, 12, 1.
naht-muas *stn. cena: ds.* nahtmuase 21, 1, 1.
nachatôn *swv. nudare: prät. part. npm.* kinachatotiu 22, 5, 1.
namo *swm. nomen: ns.* 6, 3, 1. *ds.* namin 7, 9, 3. *as.* namun 2, 7, 2. *namun* 26, 12, 2.
namôn *swv. vocare: präs. conj. pl. I.* namoem 3, 3, 1.
nâtrâ *swf. serpens: ns.* 18, 2, 3.
nĕman *stv. tollere: präs. conj. sg. III.* neme 20, 5, 3.
-nĕmo *swm. in compos.* sigesnemo.
neo-man *stm. nemo: ns.* 24, 13, 2. *ds.* neomanne 8, 5, 2.
neo-n-altre *adv. nequaquam* 15, 5, 3. — *S.* eonaltre *und* altar.
neozzan *stv. sumere: präs. conj. pl. I.* neozzem 12, 3, 3. *prät. part. nsf.* kanozzeniu *consumpta* 20, 8, 3.
ni *neg.* 1) *non* 1, 4, 3. 5, 4, 3; 4, 4. 8, 3, 2; 5, 1. 3; 7, 1; 8, 2; 9, 1. 20, 2, 3. 25, 7, 3. 26, 6, 4; 16, 2; *ähnl.* 2, 3, 4. 3, 5, 4; 7, 4. 2) *ne* 2, 10, 2. 8, 4, 4. 9, 2, 2; 3, 3. 15, 3, 1; 4, 3 (2). 16, 3, 1. 18, 4, 3. 24, 10, 3. daz ni *ut non* 14, 4, 1.
nidar *adv. nieder, s.* nidar spreitten, nidar stîgan.
nidari *adj. humilis: gs.* nidares 6, 4, 3.
ka-(h)nîgan *stv. declinare: präs. conj. sg. III.* kanige 5, 4, 2. *prät. part. npm.* kanigane *supplex* 7, 6, 4.

nih-ein *adj. nullus: nsm.* niheiner 15, 4, 1.
niunto *num. nonus: nsf.?* niunta 13, 1, 4.
niuui *adj. novus: nsm.* niuuer 5, 2, 3. *asm.* niuuan 20, 6, 4.
noh *conj. nec* 4, 4, 3; 5, 2. 3. 8, 3, 3. 16, 3, 3. 18, 4, 1. uoc 4, 1, 3; 4, 1; 5, 1. 4.
-noht *adj. im compos.* duruhnoht.
noht-lih *adj. s.* nahtlih.
nôt *stf. vis: ds.* noti 18, 4, 3.
nôt-numft *stf. fraus: gs.* notnunfti 3, 5, 4.
nû *adv. nunc* 2, 6, 1; 7, 2. 4, 4, 1. 7, 2, 1. 10, 4, 4. 19, 12, 4. 22, 8, 1. 24, 16, 1.
-numft *stf. in den composs.* nôtnumft, siginumft.

O.

opanôntîc *adj. summus: gsm.* opouontiges 6, 5, 2.
offarôn *swv. offerre: prät. part. nsm.* kaoffarot ist 21, 4, 4.
ort-frumo *swm. auctor: ns.* 5, 1, 1; *vs.* 21, 7, 1.
ôstrûn *swf. pl. pascha: np.* 21, 4, 1. hostrun (*dp.?*) 21, 3, 1.
ôstar-lih *adj. paschalis: dsf.* ostarlichero 19, 9, 1. hostarlicheru 21, 7, 2.
ôt-mûli *stn. divitiae: np.* 8, 9, 3.

P. PF.

pfad *stn. trames: ds.* fade 5, 1, 4.
Paul *npr. Paulus: ns.* 1, 11, 2.
pĕch *stn. infernus: ns.* pech 19, 1, 4. *gs.* peches 19, 4, 2. *np.* pacch *tartara* 21, 5, 2.
Pêtar *npr. Petrus: gs.* peatres 13, 2, 3. pietres 25, 4, 3.
portâ *swf. regia: ds.* portun 1, 9, 4. — *Vgl.* turi.
prĕdigôn *swv. praedicare: präs. part. nsm.* predigonti 16, 1, 4.

Q *s.* CHU.

R.

rad *stn. rota: dp.* radum 2, 3, 2.
(h)radu-lih *adj. concitus: npf.* radalicho 19, 7, 1.
racha *stf. res: gp.* rachono 24, 1, 2. 25, 1, 1.
rah-haft *adj. im compos.* unrahhaft.
ka-rasên (ka-râsên?) *swv.: präs. part. dsm.* karasentemu *reo* 20, 4, 3.
râuua *stf. requies: ns.* 16, 2, 3.
(h)rĕf *stn. uterus: as.* ref 26, 6, 4.
refsen *swv. increpare: präs. ind. sg. III.* refsit 24, 5, 3; *arguit* 24, 5, 4.
rĕht *adj. iustus: nsm.* rehter 20, 3, 3. 24, 15, 4. *dpm.* rehtem 1, 4, 1.

rëht stn. im compos. unreht.
(h)reini adj. mundus: dsm. reinemu 19, 9, 2. dsn. reinemu puro 13, 2, 2.
(h)reinî f. im compos. un(h)reinî.
(h)reinnen swv. mundare: präs. conj. sg. II. reinnes cures 24, 16, 2. part. nsn. reinnenti 20, 5, 4. — Compos. un(h)reinnen.
reisan stn.? nodus: dp. reisanum 20, 7, 2. (Vgl. ags. wrâsn f.)
reita stf. currus: as. 2, 3, 1.
-reitî f., -reitida stf. in den composs. antreitî, antreitida.
ar-(h)retten swv. eruere: präs. conj. sg. III. arrette 10, 3, 3. prät. part. npm. arratte erepti 21, 3, 3.
(h)rêo stn. funus: ds. reuue 19, 3, 4. ap. reuuir 1, 5, 2.
reozzan stv. deflere: präs. part. npm. reozzante 24, 12, 2.
(h)reuua stf. s. (h)riuua.
ka-rîchan swv. vincere: präs. conj. pl. I. karichem 8, 5, 4, 23, 3, 2; 4, 4. part. npm. kirichante victores 22, 3, 1. prät. conj. sg. III. karihti 4, 3, 3. part. dsm. kerihtemo devicto 26, 7, 1. — Vgl. ubaruuinnan und ka-uuirih.
rîchi stn. regnum: ns. 2, 7, 3. gs. rihces 1, 7, 4. riches 1, 9, 4; 13, 2. 11, 3, 3. as. richi 6, 2, 1. 20, 3, 4. ap. richi 26, 7, 4.
rihten swv. regere: präs. ind. sg. II. rihtis 6, 2, 3. 25, 1, 2. conj. sg. III. rihte 3, 5, 1. 8, 9, 4. pl. III. rihten dirigant 13, 3, 4. imp. sg. rihti 26, 11, 3. ar-rihten erigere: präs. ind. sg. III. arrihctit 5, 2, 4.
ka-rihten corrigere: imp. sg. kirihti 25, 7, 2.
rihto swm. rector: vs. 6, 3, 4.
ka-rîsan stv. decere: präs. ind. sg. III. krisit 25ᵃ, 1, 1.
-rist stf. im compos. urrist.
(h)riuuâ swf. poenitentia: gs. reuun 23, 3, 3.
rôs-faro adj. roseus: dsm. rosfaruuemu 21, 2, 3.
rôsten swv. rösten: prät. part. asn. karostit torridum 21, 2, 2.
rôt adj. ruber: gsn. rotes 21, 1, 3. asm. rotan 2, 2, 2.
ruaua stf. numerus: ns. 7, 6, 2. 26, 4, 2. ds. ruauu 7, 12, 1. as. ruaua 13, 1, 1.
(h)ruaft stm. clamor: ds. ruafte 7, 7, 4.
ruacha stf. cura: gp. ruachono 15, 5, 2. dp. ruachon 15, 3, 2. ruachom 15, 1, 3.
ka-(h)ruarîc adj. im compos. unka(h)ruaric.
ka-rûni stn. mysterium: ns. 20, 5, 1. as. 13, 2, 1.

S.

sâio swm. sator: ns. 2, 1, 2.
sâlîc adj. beatus: gsn. saliges 12, 2, 3. asm. saligan 20, 4, 4. 22, 3, 4. gpm. saligero 7, 11, 1. dpm. saligem 16, 1, 4.
saman adv. simul 9, 3, 2. — Vgl. saman lobôn, saman singan.
samanunga stf. ecclesia: ns. samanunga 25, 4, 3; chorus 25, 3, 3. samanunga 26, 5, 2.

sanc *stn. carmen: ds.* sange 7, 12, 4. — *Composs.* cartsanc, lopsane, zilsanc.

sarf *adj. saevus: npm.* sarfe 19, 5, 4. *dpf.* sarfem 22, 4, 3. *apm.* sarfę *asperos* 3, 4, 3.

sĕdal *stn. sitz: as.* sunna . . . sedal ira kat *occasum graditur* 14, 2, 2. — *Compos.* anasedal.

sĕdal-canc *stm. occasus: as.* 18, 1, 3.

sĕhan *stv. videre: inf.* 19, 8, 3. *präs. conj. pl. I.* sehem *cernamus* 14, 4, 4. *imp. sg.* sih *aspice* 16, 5, 1. *part. vsm.* sehanti 24, 13, 4.

ka-sĕhan *videre: inf.* za kasehenne ist *videndus est* 19, 6, 4. *präs. ind. sg. II.* kasihis 6, 1, 4. kisihis *respicis* 25, 7, 3. *pl. III.* kasehant *cernunt* 19, 9, 4. *imp. sg.* kasih *respice* 25, 7, 1. *part. npm.* kasehante 19, 7, 3. 20, 4, 2. *ger.* kesehanto *videndo* 25, 7, 2.

sĕhs *num. sechs: dp.* sehsim *senis* 7, 7, 3. sehs stuntom *sexies* 12, 1, 3.

sêla *stf. anima: ns.* 24, 5, 2. *gs.* selu 16, 6, 3. *as.* sela 18, 4, 3.

sĕlp *pron. ipse: nsm.* selbo 2, 5, 2. 24, 13, 1. er selbo *ipse* 4, 1, 2. 17, 2, 3. *nsf.* selbiu 25, 4, 3. *nsn.* selbaz 1, 7, 1.

sellen *swv. tradere: prät. part. nsm.* kasalt ist *traditur* 2, 8, 2. *npm.* kiselit uuerdant *traduntur* 22, 4, 1.

sêo *stm. pontus: gs.* seuues 25, 4, 2,

sĕz *stn. sedes: gs.* sezzes 6, 6, 3.

ka-sezzen *swv. statuere: präs. conj. sg. III.* kasezze 16, 3, 4. *part. nsm.* kasezzanto *constitutor* 6, 4, 1.

sibun *num. sieben: dp.* sibun stunton *septies* 9, 4, 1.

sibunto *num. septimus: dsn.* si[n]puntin 6, 4, 2.

-sidili *stn. im compos.* anasidili.

siê *pron.: apm.* sie *eos* 26, 11, 3 (2).

siges-nĕmo *swm. victor: ns.* 21, 6, 2.

sigi-numft *stf. sieg: as.* siginumft *vexillum* 24, 9, 4. *dp.* siginumftim *palmis* 7, 11, 3.

sigi-numfti-lîh *adj. triumphalis: gsm.* siganumftiliches 22, 2, 2.

ubar-sigirôn *swv. triumphare: präs. ind. sg. III.* ubarsigirot 22, 6, 4.

sigo-uualto *swm. victor: ns.* 19, 3, 4.

sigu-faginônt *stm. triumphans: ns.* 19, 3, 3.

sih *pron. refl.* se 14, 1, 4. 20, 7, 2; 8, 4.

Sileas *npr.: ns.* 1, 11, 2.

simblîc *adj. perennis: nsm.* simbliger *sempiternus* 26, 6, 2. *dsm.* simbligemu 10, 1, 2; *iugi* 7, 7, 4. *asm.* simbligan 23, 3, 4.

simbulum *adv. semper* 8, 9, 2. simbulum 1, 1, 4; 2, 4. 9, 2, 1. 16, 4, 2. simblum 8, 2, 4. 17, 3, 3; *iugiter* 23, 3, 1. simblum 24, 1, 4; 16, 4. simblum 24, 10, 1.

sîn *pron. poss. sein: nsm.* sin *eius* 21, 4, 4. *dsm.* sinemu *suo* 17, 1, 4. 20, 8, 3; *eius* 21, 2, 3. sinemu *eius* 19, 12, 2. *asf.* sina *suum* 14, 2, 4. *dpn.?* sinem *suis* 20, 7, 2.

ka-sind *stm. comes: ds.* kasinde 18, 3, 3.
singan *stv. canere: präs. ind. pl. I.* singemes 24, 12, 2. singames *psallimus* 9, 1, 2. 13, 1, 4. 23, 2, 1. *conj. pl. I.* 8, 1, 3. 21, 1, 4. 22, 1, 4; *psallamus* 9, 1, 3; 3, 1. 2. 13, 3, 1; *cantemus* 2, 7, 2. singem 10, 1, 4. *part. dsm.* singantemo 25, 4, 4; 6, 1. *npm.* singante 13, 1, 3.
    saman singan *concinere: inf.* 1, 13, 4.
siraphin *npr. syraphin: np.* 7, 7, 1.
siu *pron. pers. sie: gsf.* ira 14, 2, 2.
siuh *adj. aeger: dpm.* siuchem 25, 6, 2.
ka-siuni *stn. visus: gs.* kasiunes 15, 4, 4. *ds.* kasiune 19, 9, 4. 20, 2, 2.
sizzan *stv. sedere: präs. ind. sg. II.* sizzis 6, 4, 2. sizis 26, 8, 1. *sg. III.* sizit 17, 2, 4.
    pi-sizzan *possidere: präs. ind. pl. III.* pisizzant 22, 3, 4. *imp. sg.* pisizzi 19, 11, 2.
scâf *stn. ovis: as.* 10, 2, 4.
scaffôn *swv. condere: prät. ind. sg. III.* scaffota 8, 2, 2.
    ka-scaffôn *plasmare: präs. conj. sg. III.* kascafoe *informet* 3, 4, 1. *prät. ind. sg. II.* kascaffotos 24, 4, 2.
ca-scaft *stf. creatura: ns.* 7, 4, 1. — *Vgl.* frumiscaft.
scaleh *stm. famulus: dp.* scalchum *servis* 8, 4, 2, scalchun 26, 9, 2. *ap.* scalcha 14, 3, 2. 16, 4, 4; 5, 3.
scalchilo *swm. servulus: ap.* scalchilun 22, 8, 3.
scato *stm. umbra: ns.* 2, 4, 1.
sceffan *stv. condere: präs. part. nsm.* sceffento *conditor* 4, 1, 1; *creator* 8, 2, 1.
    ka-sceffan *plasmare: prät. ind. sg. II.* kascuofi 24, 2, 2.
sceffant *stm. conditor: ns.* 11, 3, 3. *vs.* scepfant *creator* 24, 1, 2.
sceffo *swm. conditor: ns.* scheffo 1, 7, 4. — *Vgl.* felaho.
untar-sceidan *stv. discernere: präs. ind. sg. II.* untarsceidis 15, 1, 2.
sceitilâ *swf. vertex: as.* sccitilon 2, 3, 3.
ka-scenten *swv. confundere: prät. part. nsm.* si kiskentit 26, 16, 2.
scîmo *swm. splendor: vs.* schimo 3, 1, 1. *gs.* scimin 12, 3, 4. *ds.* scimin *radio* 19, 9, 2. scimin *nitore* 3, 2, 2. *dp.* scimon *radiis* 2, 3, 2. — *Vgl.* speichâ.
scînan *stv. fulgere: präs. ind. sg. III.* scinit *nitet* 19, 9, 2. *part. nsm.* scinanti 8, 3, 4. scinanter *micans* 3, 2, 2; *splendens* 19, 4, 4. *gsm.* scinantes 5, 1, 1.
    ar-scînan *refulgere: imp. sg.* arskin 25, 8, 1.
scirman *swv. protegere: präs. conj. sg. III.* scirme 3, 8, 2. 16, 4, 3. *imp. sg.* scirmi *defende* 16, 2, 2. *part. nsm.* scirmanto *defensor* 16, 5, 1.
    ka-scirman *defendere: imp. sg.* kascirmi *defendas* 21, 7, 4. *prät. part.* kascirmter *protectus* 1, 5, 4. *npm.* kascirmte 1, 6, 4; *protecti* 21, 3, 1.
scirmo *swm. defensor: ns.* 16, 6, 3.
scl- *s.* sl-.
scolo *swm. debitor: dp.* scolom 24, 11, 3.

scôni *f. nitor: ns.* sconi 5, 2, 2; *candor* 6, 1, 2. — *Vgl.* cliz.
scôni *adj. splendidus: apn.* sconniu 11, 3, 2.
ka-scônnôn *swv. ornare: prät. ind. sg. III.* kasconnota 11, 3, 2. *part. nsn.* kasconnot *candidatus* 26, 4, 3.
ka-scrîp *stn. schriftstück: ds.* luzzilemu kascribe *chirographo* 10, 3, 4.
sculd *stf. debitum: ap.* sculdi 2, 9, 3. 9, 4, 4.
sculdîc *adj. reus: apm.* sculdige 16, 3, 4. *debitus: npm.* sculdigiu 13, 1, 3. 19, 11, 3. 22, 1, 3.
uuidar scurgan *swv. repellere: präs. conj. sg. III.* uuidar scurge 18, 3, 4.
  fer-scurgan *swv. repellere: präs. conj. sg. III.* uuidar scurge 18, 3, 4.
ar-scutten *swv. discutere: imp. sg.* arscuti 25, 8, 2.
slâf *stm. somnus: ns.* 15, 1, 4. 15, 5, 2. 16, 3, 1. sclaf *sopor* 15, 2, 2. *ds.* slafe 8, 1, 2. *as.* slaf 25, 8, 2. sclaf 16, 4, 1. 18, 4, 3.
slâffan *stv. dormire: präs. conj. sg. III.* slafe 15, 5, 3. *part. gpm.* slaffantero 24, 8, 3.
slâffilîn *adj. somnolentus: apm.* slaffiline 25, 5, 3.
slâfrac *adj. sopitus: asm.* slafragan 2, 4, 4.
slac *stm. plausus: dp.* slegim 7, 7, 3.
slahan *stv. punire: inf.* sclahan 1, 4, 3. — *Vgl.* uuîzzinôn.
slahta *stf. nex: ds.* sclahttu 19, 5, 2.
slahtôn *swv. immolare: prät. part. nsn.* kasclactot 21, 4, 2.
slëffar *adj. lubricus: asf.* sleffara 3, 3, 4.
slëffarî *f. lubricum: as.* 5, 4, 1.
slëht *adj. blandus: nsm.* slecter 15, 3, 4. *dsn.* slehtemu 19, 6, 1. *dpf.* sclehtem 4, 4, 2.
  slëhtiro *compar.: nsn.* slectera 5, 3, 3.
slîfan *stv. labi: inf.* in slifanne *inlabere* (!) 3, 2, 1.
far-slintan *stv. devorare: präs. conj. sg. III.* farslinte 20, 7, 1.
pi-slipfen *swv. wanken machen: prät. part. npm.* pislifte *lapsi* 25, 7, 3. *dpm.* pisliften *lapsis* 25, 6, 4.
untar sliuffan *stv. subrepere: präs. conj. pl. III.* untar sliufen 4, 4, 2.
snël-lîcho *adv. strenue* 25, 5, 1.
sô *adv.* 1) *sic* 18, 1, 1. so horsco 19, 6, 4. so michiles *tanti* 12, 3, 4. 2) *sicut:* eo so 9, 2, 4. eo so *ut* 2, 9, 4. 3, 7, 2. 3.
solâ *swf. planta: ap.* solun 13, 3, 3.
sorgên *swv. sorgen: präs. part. npm.* sorgente *solliciti* 9, 2, 1.
spano *swm. verlocker: ns.* hupilo spano hungar *malesuada* 8, 9, 2.
speichâ *swf. radius: dp.* speichon 2, 3, 2. — *Vgl.* scimo.
int-sperran *swv. reserare: präs. part. nsm.* intsperranti 21, 6, 4.
spor *stn. vestigium: ap.* 24, 13, 4.
sprattâ *swf. regula: ns.* 13, 2, 3.
sprëchan *stv. fateri: präs. ind. sg. III.* sprichit 7, 4, 2. 19, 10, 4.

spreitten *swv. pandere: präs. ind. sg. II.* spreitis 2, 1, 4. — *Vgl.* inlûchan.
nidar spreitten *prosternere: präs. ind. pl. I.* nidar spreitemes 23, 2, 3.
ar-spriuzzen *swv. fulcire: prät. part. nsf.* arspriuzzit (*ms.* an-) 18, 3, 2. *asm.* arspriuztan 2, 1, 3.
spurrento *swm. investigator: ns.* 24, 14, 2.
ar-stân *stv. s.* arstantan.
stanch *stn. odoramentum: dp.* stanchum 7, 6, 3.
stantan *stv. stehen, in*
az stantan *assistere: präs. part. nsm.* az standanter 24, 14, 4.
fer stantan *absistere: präs. conj. sg. III.* fer stante 8, 6, 3.
ar-stantan *surgere: inf.* arstantan *resurrexisse* 19, 10, 3. erstantan *resurgere* 24, 5, 3. *präs. ind. sg. III.* arstat 21, 6, 1. harstant*it* (*oder* harsta[n]t?) 19, 3, 4. *pl. I.* arstames 4, 3, 1. *conj. sg. III.* arstante 20, 7, 4. *pl. I.* arstantem 25, 5, 1. *pl. III.* arstanten *resurgant* 20, 8, 2. *part. dpm.* erstantantem 23, 1, 1. *prät. ind. sg. III.* arstuant 19, 4, 3.
stapho *swm. gradus: ds.* staffin 20, 3, 3.
starchisto *adj. superl. fortissimus: nsm.* 19, 2, 1. *dsn.* starchistin *durissimo* 21, 3, 3.
ka-statôn *swv. locare: prät. part. nsf.* kastatot 7, 11, 2.
stein *stm. lapis: ds.* steine 19, 3, 1.
ar-stĕrpan *stv. mori: präs. conj. sg. III.* asterpe 20, 7, 3.
stĕrn *stm. stella: ap.* sterna 2, 2, 1. — *Composs.* âbandstern, tagastern.
nidar stîgan *stv. descendere: inf.* 24, 11, 2.
stilli *adj. quietus: asf.* stilla 16, 2, 4. *apm.* stille 14, 3, 4.
ka-stillên *swv. mitescere: präs. ind. pl. III.* kistillent 25, 4, 2.
stimma *stf. vox: ns.* 1, 1, 2. 25, 8, 3. *ds.* stimmu 19, 10, 4. stimnu 7, 12, 3. stimmo 26, 2, 4. *dp.* stimmon 2, 6, 4. 7, 5, 4. 8, 1, 2.
stimmî *f. vox: ds.* 1, 7, 2.
stiurren *swv. gubernare: präs. conj. sg. III.* stiurre 3, 5, 1. *imp. sg.* stiuri 16, 5, 3.
stobarôn *swv. obstupere: präs. conj. pl. III.* stobaroen 20, 4, 1.
strĕdan *stv. fervere: präs. conj. sg. III.* strede 3, 5, 3. 5, 5, 2. *part. dsm.* stredentemu 12, 1, 2.
strechen *swv. prosternere: präs. ind. pl. I.* (nidar?) strechemes 23, 2, 3. — *S.* nidar spreitten.
strô *stn. stratum: ds.* stroe 4, 3, 1.
ka-studen *swv. fundare: präs. ind. sg. II.* kastuditos 5, 1, 4.
stunta *stf. hora: ns.* 1, 4, 1. 12, 1, 3. *ds.* stuntu 11, 2, 4. *as.* stunta 10, 2, 1. 11, 1, 3. *gp.* stuntono 13, 1, 2. *dp.* stunton 18, 1, 2. sehs stuntom *sexies* 12, 1, 3. sibun stunton *septies* 9, 4, 1.
pi-sturzen *swv. pervertere: präs. conj. sg. III.* pisturze 4, 5, 3.

suachen — teilen. 87

suacheu *swv. quaerere: präs. conj. sg. III.* suahe 20, 6, 2.
ka-suachen *adquirere: prät. ind. sg. III.* kasuahta 20, 3, 2.
suauari *stm. iudex: ns.* 6, 1, 3; 4, 3. 24, 13, 1. 26, 8, 3.
suazzi *adj. dulcis: apm.* suazze 5, 2, 4.
sûftôn *swv. gemere: präs. part. nsn.* suftonti 19, 1, 4.
suu *stm. filius: ns.* 3, 8, 3. 7, 3, 4. 22, 7, 3. 24, 1, 4; 16, 3. 26, 6, 2. *vs.* 7, 9, 1. *ds.* sune 1, 1, 4. 25ª, 1, 3. suniu 19, 12, 2. *as.* sun 6, 2, 3. 26, 5, 4.
sunnâ *swf. sol: ns.* 3, 2, 1. 4, 3, 4. 5, 5, 1. 14, 2, 1. 18, 1, 3. 19, 9, 2. *as.* sunnun 5, 1, 3.
sunta *stf. culpa: ns.* 5, 4, 4. 20, 6, 2. 25, 7, 4. *as.* sunta 3, 3, 4. 25, 4, 4; *peccatum: as.* sunta 26, 13, 2. *gp.* suntono 1, 12, 3. *ap.* sunto 20, 5, 3. 23, 2, 4.
sunt-licho *adv. impie* 8, 5, 1.
suntarôn *swv. segregare: präs. part. nsm.* suntaronti 25, 2, 4.
suûri *adj. gravis: nsm.* suarrer 16, 3, 1. *dsm.* suarremu 16, 6, 2. 20, 2, 3.
suarz *adj. ater: nsf.* suarziu 5, 2, 1.
in-sueppen *swv. somniare: präs. conj. sg. III.* insueppe 15, 5, 4.
suëro *swm. dolor: dp.* suerom 19, 4, 2.
ka-suerzen *swv. fuscare: prät. part. dpn.* kasuarztem 14, 4, 1.
pi-suichan *stv. decipere: prät. ind. sg. III.* pisuueih 24, 3, 1.
pi-suichilîn *adj. subdolus: dsf.* pisuuicchilineru 2, 10, 1.

T.

tac *stm. dies: ns.* tac 2, 5, 1. tak 3, 1, 4; 7, 1; 4, 1, 2. 5, 3, 2. 14, 1, 4; 4, 2. 18, 1, 2. 20, 1, 1. mitti tak *meridies* 3, 7, 3. 12, 3, 2. *gs.* tages 6, 1, 3. 14, 3, 3. 25, 2, 1. takes 11, 1, 3. mittes takes *meridie* 17, 1, 1. *ds.* tage 4, 2, 2. 16, 2, 2. tage 26, 13, 1. take 9, 4, 1. 16, 1, 1. *as.* tac 2, 4, 4. 25, 1, 2. tak 4, 3, 4; 6, 4. 5, 5, 1. 8, 2, 2; 10, 3. 14, 1, 2. 15, 1, 2. *gp.* tago 2, 5, 1. 3, 1, 4. 5, 1, 3. 8, 1, 1. *ap.* taga 26, 12, 1.
tagarôd *stm. aurora: ns.* 2, 2, 1. 3, 8, 1. 2. 19, 1, 1.
tuga-stërn *stm. lucifer: ns.* 2, 4, 3. 4, 2, 4; *phosphorus* 2, 3, 1. tagestern 25, 3, 1.
tagauuizzi *adv.? cottidie:* 2, 9, 1.
ka-tarôu *swv. laedere: präs. conj. pl. I.* kataroem *invideamus* 8, 5, 2. *prät. part. npm.* katarote 8, 5, 3. — *Vgl.* abanstôn.
tât *stf. actus: ap.* tati 5, 2, 4.
ka-tât *stf. factum: np.* kitati 5, 4, 3. *ap.* katati *actus* 3, 4, 1.
tau *stn. ros: dp.* tauuu 2, 2, 4.
tauffan *swv. baptizare: präs. part. nsm.* taufanter 2, 2, 4.
tauffi *f. baptismus: as.* taufi 24, 6, 1.
taugnu *adj. occultus: apm.* tauganiu 6, 1, 4; *secreta* 15, 3, 3. 24, 13, 3.
teilen *swv. distribuere: prät. part. nsm.* katcilit ist 11, 2, 4.

teor *stn. bestia: gp.* tioro 22, 4, 2.
terran *swv. nocere: inf.* terrennes 25, 3, 4.
   ka-terran *laedere: inf.* keterran 24, 10, 3.
tiuf *adj. profundus: nsm.* tiufer 15, 5, 1. *nsf.* tiufiu 5, 5, 2. *gsf.* tiufun 25, 2, 2.
tiuren *swv. glorificare: prät. part. asf.* katiurta 18, 4, 4.
tiuri *adj. pretiosus: dsm.* tiuremo 26, 9, 3.
tiurida *stf. gloria: ns.* 10, 4, 1. 19, 12, 1. 22, 7, 1. 25ª, 1, 2. *gs.* tiurida 1, 13, 2. 3, 1, 1; 3, 2. 7, 11, 4. 11, 1, 4. 26, 3, 4. ti*u*rida 9, 4, 4. ti*u*rida 12, 2, 2. tiurido 26, 6, 1. *ds.* tiuridu 23, 1, 4. 26, 8, 2. tiurida? 26, 10, 2. *as.* tiurida 8, 1, 3. 10, 1, 4. 14, 1, 3. ti*u*rida 7, 5, 2.
tiur-lih *adj. gloriosus: nsm.* tiurlicher 26, 4, 1.
tôd *stm. mors: ns.* 20, 6, 4; 7, 1; 8, 1. 3. *gs.* todes 7, 1, 3. 19, 2, 2; 5, 3. 21, 7, 3. 22, 3, 3. 24, 9, 2; 11, 3. 26, 7, 2. *ap.* toda 1, 3, 3.
tôt *adj. mortuus: npm.* totun 20, 8, 2.
tragan *stv. gestare: inf.* tragannes *gerendi* 3, 4, 4. *präs. ind. pl. III.* tragant 7, 6, 3. *part. npm.* tragante 1, 10, 2; *portantes* 1, 8, 3.
   auur tragan *revectare: präs. part. nsf.* auuar traganti 4, 3, 4. — *Vgl.* uuidar fuaren.
ka-trětan *stv. conculcare: präs. part. nsm.* katretanti 19, 2, 3.
far-triban *stv. depellere: prät. part. nsm.* fartripan ist (uuirdit) *depellitur* 5, 2, 1.
triuchan *stv. bibere: präs. conj. pl. I.* trinchem 3, 6, 3.   trinchem 8, 7, 4.
triugan *str. fallere: inf.* 24, 13, 2. *präs. conj. sg. III.* triuge *inludat* 15, 4, 3.
triu-haft *adj. fidelis: dsm.* triuaftemu 3, 5, 2.   *npm.* triuafte 2, 8, 3. — *Vgl.* kalaubic.
triu-licho *adv. sobrie* 1, 10, 1.
trôr *stm. cruor: ds.* trore 21, 2, 3.
trôst *stm. paraclitus: as.* 26, 5, 5.
-truht *stf. in den composs.* urtruht, urtruhtida, urtruhtlih.
truhtin *stm. dominus: ns.* tru*h*tin 7, 8, 2. 19, 4, 3. tru*h*ttin 19, 6, 3. *truhtin* 26, 3, 2. *vs.* truhtin 1, 6, 2. 24, 1, 1; 8, 4; 12, 3.   truhtin 7, 1, 1; 9, 4; 12, 2. 14, 1, 2; 3, 1. 16, 6, 1. 4. 17, 2, 3. *tru*htin 26, 11, 1; 13, 1; 14, 1; 15, 1; 16, 1. tru*h*ttin 16, 2, 1. *gs.* tru*h*tines 18, 2, 1. tru*h*tines 19, 5, 2; 8, 4.   trutines 19, 7, 4. *ds.* truhtine 23, 1, 2.   truhtine 1, 1, 3. tru*h*tine 9, 3, 1; 4, 2.   tru*h*tine 12, 1, 1. *as.* trutinan 7, 4, 2. tru*h*tinan 19, 10, 3. *tru*htinan 26, 1, 2.
trunchali *f. ebrietas: ds.* trhunchali 8, 7, 2. *as.* trunchali 3, 6, 4.
-tuam *stm. im compos.* irrituam.
tuan *stv. facere: inf.* za tuuanne *agenda* 2, 8, 2. *imp. sg.* tua 1, 13, 1. 26, 10, 1; 11, 1. *prät. ind. sg. II.* tati 14, 1, 2.
   duruh-tuan *perficere: prät. part. nsf.* duruhetaniu 7, 4, 4.
   ka-tuan *conficere: präs. ind. sg. III.* kituat 5, 5, 1.
   zua katuan *addere: präs. conj. sg. II.* zua katues 7, 12, 1.

in-tuan *aperire: prät. ind. sg. II.* intati 26, 7, 3.
tulisc *adj. stultus: npf.* tulisco 1, 9, 1.
tunchali *f. caligo: ns.* 2, 4, 2. *ds.* tunchli 25, 3, 2.
turî *f. ianua: ds.* turi *regia* 1, 9, 4. *as.* turi 1, 9, 3.
ka-turstîc *adj. ausus: nsm.* 1, 4, 3.
tuâlâ *swf. mora: as.* tuualun 2, 3, 4.

U.

ubar *präp. c. acc. ubar:* uber al *per omnia* 2, 5, 3. uber alliu *per omnia* 6, 3, 2. ubar *unsih super nos* 26, 15, 1. upar alle *per omnes* 20, 8, 1. — *Vgl.* ubar cussôn.
ubar-fart *stf. transitus: ds.* ubarferti 21, 1, 3.
ubi *conj. si* 8, 9, 3. — *Vgl.* ibu.
ubil *stn. malum: ns.* 8, 5, 4. *ds.* ubile 2, 10, 4. *as.* ubil 1, 6, 3. 23, 3, 2.
ubil *adj. malus: gpm.* ubilero 8, 6, 4. — *nsm.* hupilo spano hungar *malesuada* 8, 9, 2. — *Vgl.* spano.
ûf *adv. in compos.* ûf purren.
ûf-gauc *stm. ortus: ds.* ufgange 8, 3, 3.
ûf-hengida *stf. suspendium: as.* 10, 2, 3.
umbi-(h)nurft *stm. orbis: as.* umbiuurft 26, 5, 1.
un-panuollan *adj. part. inlibatus: nsf.* unpauollaniu 8, 8, 3.
un-bilibaulih *adj. incessabilis: dsf.* unbilibanlicheru 26, 2, 4.
un-fruat *adj. iners: apn.* unfruatiu 9, 3, 4.
un-kaporan *adj. part. ingenitus: vsm.* ungaporono 8, 10, 1.
un-kalaubîc *adj. perditus: dpm.* unkalaupigen 20, 2, 1.
un-kamezzan *adj. part. immensus: gsf.* ungimezenera 26, 5, 3.
un-ka(h)rnarîc *adj. inmobilis: npm.* ungaruorige 22, 5, 3.
un-kanuemmit *adj. part. immaculatus: nsn.* ungauuemmit 7, 10, 1.
un-heilari *stm. insanus: np.* unheilara 22, 4, 4.
un-holdâ *swf. diabolus: ns.* 24, 3, 1.
un-chûski *adj. turpis: nsm.* unchusger 4, 5, 4. *asm.* unchuscan *improbum* 18, 3, 4. *dpm.* unchusgem 9, 3, 3. *apf.* unchusko *probrosa* 20, 1, 4. — *Vgl.* ituuizlih.
un-mĕzzîc *adj. inmensus: gsn.* unmezziges 6, 3, 4.
un-rahhaft *adj. inenarrabilis: nsf.* unrachaft 6, 1, 2.
un-rĕht *stn. iniquitas: ns.* unreth 8, 4, 3.
un-(h)reini *f. lues: as.* unreini 20, 5, 2.
un-(h)reiunen *swv. inquinare: präs. conj. pl. III.* unreinnen 5, 4, 3.
uns, unsar *pron. s.* uuir.
unsar *pron. poss. noster: nsm.* unser 3, 6, 2. 4, 4, 4. 16, 5, 1. *nsf.* unsriu 25, 8, 3. *nsn.* unsar 21, 4, 1. *gsf.* unsera 24, 7, 4; 13, 4. *dsm.* unsaremu

8, 7, 3. *asf.* unsera 8, 4, 4. *asn.* unseraz 2, 9, 1. *gpf.* unserero 24, 14, 1. *dpm.* unserem 2, 9, 4. 3, 2, 4. *dpn.* unscrem 8, 6, 1. *apf.* unsaro 5, 3, 4. unscro 23, 2, 2. 24, 16, 2. *apn.* unsariu 19, 11, 2.

unsih *pron. s.* uuir.

untar *präp. c. dat. sub:* untar degane 19, 3, 2. — *Vgl. composs.* untar chresan, untar uuesan.

uu-uparuuntan *adj. part. invictus: nsm.* 22, 6, 2.

unzi 1) *präp. bis:* unzi in euuin *usque in aeternum* 26, 11, 4. 2) *conj. dum* 15, 2, 3. — *Vgl.* denne.

ur-gauuida *stf. fastidium: as.* 25, 1, 4.

ur-chauf *stm. redemptio: ds.* urchauffe 10, 3, 2.

ur-chundo *swm. martyr: ns.* urchundo *testis* 24, 13, 1. *np.* urchunduu 22, 4, 1. *gp.* urchundono 7, 11, 2. 22, 1, 2; 8, 2. 26, 4, 3.

ur-rist *stf. anastasis: gs.* urristi 6, 5, 4.

ur-truhti *adj. sobrius: npm.* urtructe 4, 6, 1.

ur-truhtida *stf. sobrietas: ds.* urtrhuhtidu 18, 3, 3.

ur-truht-licho *adv. sobrie* 3, 6, 3.

ûzzan *conj. sed* 2, 10, 3. 4, 6, 1. 5, 5, 1. 8, 7, 3; 8, 3. 9, 2, 3; 4, 1. 14, 4, 3. 15, 5, 1. 18, 3, 1; 4, 1. uzzan 14, 3, 1. uzan 22, 5, 3.

UU.

nuâk *stm. gurges: as.* 2, 2, 2.

uuâffan *stn. mucro: ns.* uuaffan 25, 6, 3. *dp.* uuafanum *armis* 18, 3, 1.

uuâffancn *swv. armare: prät. part. nsf.* kiuuaffantiu 22, 4, 3.

uuahsamo *swm. vigor: ns.* 5, 2, 3.

uuachar *adj. vigil: nsm.* uuacharer 15, 5, 4. *nsf.* uuachar 18, 3, 2.

uuachên *swv. vigilare: präs: conj. sg. III.* uuachee 16, 4, 3.

duruh uuachôn *pervigilare: präs. conj. pl. I.* duruch uuacheem 1, 10, 1.

uualdan *stv. volvere: prät. part. nsf.* kiuualdaniu 12, 1, 3.

ka-uualtida *stf. potestas: np.* kiuualtido 26, 2, 2.

-uualto *swm. im compos.* sigouualto.

uuamba *stf. venter: ns.* 4, 5, 2.

uuân *stm. spes: ns.* 5, 5, 3. 22, 6, 2. 25, 6, 1. *ds.* uuane 10, 1, 2.

uuânnen *swv. sperare: prät. ind. sg. I.* uuanta 26, 16, 1. *pl. I. uuantomes* 26, 15, 2.

uuanchôn *swv. wanken: präs. part. dpf.* uuanchontem *lascivis* 15, 3, 3.

ka-uuar *adj. providus: npm.* kauuare 21, 1, 1.

uuâr *stn. wahrheit: ns.* uuar *amen* 25ª, 1, 4.

uuâr *adj. versus: nsm.* uuarer 9, 1, 4. 20, 1, 1. *nsf.* uuariu 22, 2, 4. *nsn.* uuaraz 8, 3, 1. *gsf.* uuarera 12, 2, 2. *asm.* uuaran 26, 5, 4.

uuâro *adv. vere:* uaro 21, 5, 1.

uuâr-haft *adj. verus: nsf.* 3, 2, 1.

uuarc *stm.: as.* des palouues uuarc *tyrannum* 21, 6, 3.

uuaskan stv. diluere: präs. ind. sg. III. uuaskit 25, 4, 4. prät. ind. sg. II.
unasgi lavisti 7, 10, 4. sg. III. uuasc 20, 1, 3.
ka-uuaskan abluere: präs. conj. sg. III. kauuasge 20, 5, 2.
ka-uuâti stn. vestimentum: dp. kauuatim stolis 21, 1, 2. ap. kauuati 7, 10, 3.
(h)uuaz pron. s. (h)uuer.
uuĕc stm. via: as. 25, 3, 4.
uuĕgôn swv. viare: präs. part. dpm. uuegontem 25, 2, 3.
uuechen swv. excitare: präs. ind. sg. III. uucchit 25, 5, 2. part. nsm. uuechenter suscitans 2, 4, 9.
ar-uuechen resuscitare: prät. ind. sg. II. eruuahtos 24, 8, 4. part. nsm. eruuahter excitatus 25, 3, 1.
uuĕla adv. wol: uuela quhedemes benedicimus 26, 12, 1. — Vgl. uuola.
uuĕllau stv. volvere: präs. ind. sg. III. uuillit sih volvitur 14, 1, 4.
pi-nuĕllan s. compos. unpauuollan.
ka-uuemmen swv. polluere: präs. conj. sg. III. kauuemmc 18, 4, 4. — Vgl. compos. ungauuemmit.
uuênac adj. miser: apm. uuenege 19, 2, 4.
(h)uuenneo adv. tandem: uuenneo 18, 4, 2.
(h)uuĕr pron. quis: nsn. uuaz 20, 6, 1. asm. uuenan 20, 2, 3.
uuĕrah stn. opus: ns. uuerahc 9, 2, 2.
uuĕralt stf. seculum: ns. uucralt mundus 1, 12, 1. 19, 1, 3. gs. uueralti 8, 4, 3. 14, 4, 2. 22, 3, 1; mundi 5, 2, 2. 6, 4, 1. 7, 1, 2; 4, 2. 20, 1, 4; 5, 2. 22, 2, 4; 6, 4. 24, 2, 1. uueralti 4, 4, 3. uueralti 17, 3, 4. uueralti 26, 12, 3. ds. uueralti · 10, 3, 3; 4, 3. 24, 1, 3. as. uueralt mundum 14, 2, 3. gp. uuealteo 25ª, 1, 4. dp. uueraltim 6, 7, 4. ap. uueralti 22, 8, 4. 25ª, 1, 4. uueralti 6, 7, 4. uueralti 26, 12, 3 (2).
uuĕrd stn. pretium: as. uuerth 24, 7, 4.
uuĕrdan stv. werden: präs. ind. sg. III. fartripan uuirdit depellitur 5, 2, 1. itporan uuirdit renascitur 5, 2, 2. inpuntan uuirdit solvitur 25, 7, 4. pl. III. kiselit uucrdant traduntur 22, 4, 1. conj. sg. III. uuerde fiat 2, 7, 4. prät. ind. sg. III. kizerrit uuarth scissum est 24, 8, 1. pl. III. inpuntan uuurtun soluti sunt 1, 11, 4.
ka-uuĕrdôn swv. dignari: präs. conj. sg. III. kiuuerdoes 24, 10, 2. imp. sg. kiuuerdo 26, 13, 1. prät. ind. sg. II. kiuuerdotos 24, 3, 4; 7, 2; 11, 2.
(h)uuĕrvan stv. redire: inf. uueruan 18, 1, 4. präs. ind. sg. III. uuiruit revertitur 25, 6, 4. prät. ind. sg. III. uuarf 21, 6, 2.
uuĕsan stv. esse: inf. 26, 8, 3. präs. ind. sg. II. pist 2, 1, 1. 6, 2, 4; 4, 1; 6, 1. 16, 1, 1; 6, 3. 24, 1, 3; 13, 1; 14, 2; 15, 1. 4; 16, 3. 26, 6, 2. kalaupit pist crederis 16, 1, 3. za kelaupanne pist crederis 26, 8, 3. bist 2, 5, 1. 2. 6, 2, 2. sg. III. ist 1, 4, 1; 7, 1; 12, 1. 6, 5, 3. 20, 1, 1. 21, 4, 1. 2. calaupit ist creditur 1, 7, 3. farlazzan ist linquitur 2, 4, 1. kasalt ist traditur 2, 8, 2. fartripan ist depellitur 5, 2, 1. harcheban ist redditur 12, 2, 4·

kazokan ist *trahitur* 18, 1, 1. kahaltan ist *custoditur* 19, 3, 2. kicozan ist *funditur* 22, 5, 2. — kateilit ist *distributus est* 11, 2, 4. kaoffarot ist *oblata est* 21, 4, 4. — za lobone ist *laudanda est.* 1, 2, 4. za petonne ist *orandum est* 17, 1, 1. za pittanne ist *deprecandus est* 17, 1, 2. za kasehanne ist *videndus est* 19, 6, 4. *pl. I.* pirum 1, 6, 1. *pl. III.* sint 7, 8, 4. 26, 3, 3. arprochan sint *fracta sunt* 21, 5, 2. *conj. sg. I.* si kiskentit *confundar* 26, 16, 2. *sg. III.* si 3, 6, 1. 2; 7, 2. 8, 9, 1. 16, 2, 3. 17, 2, 1. 19, 12, 1. fer si *absit* 8, 6, 1. si *fiat* 26, 15, 1. *pl. I.* sin 11, 2, 1. uuesem 9, 2, 1. uucsen 2, 8, 3. *part. npm.* uuesante *manentes* 2, 8, 4. 4, 6, 2. *prät. ind. sg. III.* uuas 1, 4, 3. *pl. I.* pihabet uuarun *tenebamur* 24, 6, 3. *pl. III.* uuarun 19, 5, 1.

az uuĕsan *adesse: präs. ind. sg. III.* az ist 4, 2, 4. *imp. sg.* az uuis *adesto* 16, 6, 4.

duruh uuĕsan *permanere: präs. ind. pl. III.* thurah uuesant 22, 5, 3.

untar uuĕsan *subsistere: präs. part. nsm.* untar uuesanti 7, 3, 3.

uuidar *adv. s.* uuidar pliuuan, uuidar fuaren, uuidar scurgan.

uuio *stm. bellum: gs.* uuiges 22, 2, 2.

uuih *adj. sanctus: ns.* uuiher 20, 1, 2. 26, 3, 1; *agius* 2, 5, 1. *uuiher* 26, 3, 1 (2). *nsf.* uuihiu 26, 5, 2. *nsn.* uuihaz *sacer* 20, 1, 3. *vsm.* uuiho 4, 4, 4. 7, 8, 1 (2). 16, 2, 1. 24, 16, 1; *agie* 1, 13, 1. *gsm.* uuibes 3, 2, 3. 6, 2, 4; *sacri* 22, 3, 3. *dsm.* uuihemu 1, 2, 1. 2, 6, 3. 8, 10, 4. 11, 2, 2. 17, 1, 4. *uuihe*mu 6, 7, 2. uuihemo 24, 16, 4. 25ª, 1, 3. *asm.* uuihan 23, 4, 2. 26, 5, 5. *asn.* uuih *sacrum* 21, 2, 1. *npf.* uuiho 1, 8, 1. *gpm.* uuihero 7, 10, 3. 22, 6, 1. uuiheru 23, 2, 1. *dpm.* uuihem 26, 10, 1.

uuihen *swv. benedicere: imp. sg.* uuihi 26, 11, 2. *prät. part. nsm.* kauuihto 7, 9, 2.

(h)uuila *stf. hora: ns.* uuila 1, 4, 1. *as.?* niunta uuila *nonam* 13, 1, 4. — *Vgl.* stunta.

uuillo *swm. voluntas: ns.* 2, 7, 4; 8, 1. 22, 7, 2.

uuin *stm. vinum: ns.* 8, 7, 1.

uuini-scaf *stf. foedus: as.* uuiniscaf *foedera* 8, 8, 1.

ubar-uuinnan *stv. devincere: prät. part. dsm.* ubaruunnomo 26, 7, 1. — *Vgl.* karichen.

ubar-uuintan *stv. s.* unubaruuntan.

uuir *pron. pers. nos.* 1, 6, 1. 2, 9, 4. 13, 3, 1. 18, 2, 1. 24, 9, 3. uuir dar *qui* 24, 6, 3. *gp.* unser 16, 6, 1. *unser* 26, 14, 1. 2. *dp.* uns 1, 2, 4; 12, 1. 2, 8, 2; 9, 3. 3, 6, 1. 16, 2, 3; 6, 4. 23, 4, 3. 24, 10, 1; 12, 3. huns 17, 3, 1. *ap.* unsih 1, 13, 1. 2, 10, 2. 7, 1, 3; 12, 1. 8, 9, 4. 12, 1, 4. 16, 3, 2; 3, 4. 17, 1, 3; 3, 3. 24, 4, 3; 5, 3; 6, 1; 11, 1. 25, 7, 2. 26, 13, 2. *unsih* 26, 15, 1. unsihe 2, 10, 4. 6, 4, 4. usih 25, 7, 3.

uuirden *swv. venerari: präs. ind. sg. III.* uuirdit 26, 1, 4. — *Vgl.* êrên.

uuirdic *adj. dignus: vsn.* uuirdih 21, 5, 1. *npm.* uuirdige 1, 10, 4. *apm.* uuirdige 1, 13, 1.

ka-uuirih ? *victoria: asp.* kauuirich 22, 1, 2. *J. Grimm vermutet* kauuin, rich *oder* karih, *vgl.* ka-richau.
ka-uuis *adj. certus: dsm.* kauuissemu 5, 1, 4. *dsn.* kiuuissemu 24, 15, 1. *asf.* kauuissa 11, 1, 1. *dpf.* kauuissem 15, 1, 1.
ka-uuisso *adv. profecto:* kiuuisso 1, 7, 1. kauuisso *namque* 2, 2, 3. kauuisso *enim* 1, 2, 2.
(h)uuîz *adj. albus: dpn.* uuizzem 21, 1, 2.
uuîzzago *swm. propheta: gs.* uuizzagin 8, 9, 4. *gp.* uuizagono 26, 4, 2.
unîzzac-lîh *adj. propheticus: nsf.* uuizaclichiu 1, 1, 2.
uuîzzan *anv. wissen: präs. conj. sg. III.* ni uuizzi *nesciat* 3, 5, 4; 7, 4. *part. nsm.* ni uuizzanter *nesciens* 2, 3, 4, *ni* uuizzanter *nescius* 15, 5, 2.
uuizzant-heit *stf. conscientia: gs.* uuizzantheiti 24, 13, 3. uuizantheiti 24, 6, 4.
-uuizzi ? *im compos.* tagauuizzi.
uuîzzi *stn. poena: ds.* uuizze 19, 5, 3. *as.* uuizzi 20, 4, 2. *dp.* uuizzum 22, 3, 2. — *Compos.* hellauuîzzi.
uuîzzinari *stm. tortor: np.* uuizzinarra 22, 4, 4.
uuîzzinôn *swv. punire: inf.* 1, 4, 3. *prät. ind. pl. III.* uuizzinoton *damnarunt* 19, 5, 4.
uuola *adv. o* 21, 5, 1. — *Vgl.* uuëla.
uuort *stn. verbum: vs.* 7, 3, 1. *ds.* uuorte 3, 8, 4. 6, 2, 2; *sermone* 19, 6, 1.
uuaffen *swv. ululare: präs. ind. sg. III.* uuafit 19, 1, 4.
uuaft *stm. fletus: ds.* uuofte 25, 7, 4. *dp.* uuaftim *gemitibus* 19, 4, 1.
uuachar *stn. fructus: is.* uuochru 23, 3, 3.
uuaragî *f. crapula: ns.* 18, 4, 1.
uuasten *swv. devastare: präs. part. dsm.* uuuastentemu 21, 3, 2.
uuastio *swm. vastator: ns.* 1, 3, 2.
uuataren *swv. iubilare: präs. ind. sg. III.* uuatarit 19, 1, 3.
uunui-garto *swm. paradisus: as.* uunnigartun 21, 6, 4.
uuntâ *swf. vulnus: gp.* uuntono 24, 14, 3. *dp.* uunton 19, 10, 1. *ap.* uuntun 24, 16, 2.
uuntar *stn. mirum: ns.* 6, 3, 3.
uuntar-lîh *adj. mirabilis: nsn.* 6, 5, 3. uuntarlihc 20, 5, 1. *apm.* uuntarlihe 17, 3, 2.
uurf *stm. ictus: ds.* uurfe 20, 8, 3.
-(h)uurft *stm. im compos.* umbi(h)uurft.
uurzâ *swf. radix: ns.* 8, 6, 4.

Z.

zu *präp. c. dat. ad* 5, 5, 3. 10, 2, 2. 16, 4, 2. 18, 1, 2. 21, 1, 1. 24, 11, 1. 26, 8, 1. — za lobone *laudanda* 1, 2, 4. za tuuanne *agenda* 2, 8, 2. za czzanne *edendum* 2, 9, 2. za auchonne *addendis* 8, 9, 1. za petonne (ad) *oran-*

94 zan — zuuiror.

dum 12, 1, 4. 17, 1, 1. za pittanne *deprecandus* 17, 1, 2. za kasehenne *videndus* 19, 6, 4. za arlosanne *ad liberandum* 26, 6, 3.
zau *stm. dens: ds.* 3, 4, 2. *dp.* zenim 22, 4, 2.
zĕbar *stn. hostia: ns.* 12, 2, 3. *vs.* 21, 5, 1. *ds.* zebare 10, 2, 2.
zeichan *stn. signum: ds.* zeichane 13, 2, 4. 18, 2, 1. *as.* zeichan 6, 3, 3. zeichan 1, 4, 4. *dp.* zeichanum 7, 11, 3. — *Compos.* himilzeichan.
ka-zeichanen *swv. signare: prät. part. npm.* kezeichante 24, 9, 3.
zeohan *stv. trahere: prät. part. nsm.* kazokan ist *trahitur* 18, 1, 1.
zerren *swv. scindere: prät. part. nsn.* kizerrit uuarth 24, 8, 1.
zĕsuuâ *swf. dextera: ns.* 16, 4, 3. *ds.* zesauun 2, 1, 4. zesuuun 26, 8, 1.
zîl-sauc *stn. chorus: ns.* 7, 5, 3.
zît *stfn. tempus: ns.* 1, 3, 1; 7, 1. cit 23, 1, 1 (2). *ds.* zite 1, 1, 1; 11,‛1. 19, 11, 4. 24, 12, 1; 15, 1. *as.* zit 15, 2, 2. *gp.* ziteo 18, 1, 4. 25, 1, 3. *ap.* ziti 25, 1, 3.
zogôu *swv. carpere: inf.* 20, 4, 4.
zua *adv. in* zua peton, zua chliban, zua katuan.
zua-kanc *stm. aditus: ap.* zuakangi 18, 2, 4.
zungâ *swf. lingua: ns.* 5, 4, 4.
zuuelivine *num. duodenus:* zuuiror zuueliuuinga ruaua *bis duodenus numerus* 7, 6, 2.
zuuiror *adv. bis* 7, 6, 2, *s. das vorige.*

Lateinischer Index.

ab fona.
absit fer si.
abluere kauuasgan.
abscedere kalidan.
absistere fer stantan.
absolutio arlôsida.
ac, atque joh, inti joh.
actus tât, katât.
aculeus ango.
ad za.
Adam adam.
addere auchôn, zua katuan.
adesse az uucsan.
adfluere upar cussôn.
aditus znakanc.
adhaerere zua chlîban.
adlevare erpurren.
admonere manôn, môtten.
adnuere pauchanen.
adorare zua petôn.
adquirere kasuachen.
adsistere az stantan.
adspicere sehan.
adsumere antfâhan.
adtemptare kachorôn.
advenire chueman, az chueman.
adventus chumft.
advocare kaladôn.
aeger siuh.
Aegyptus egypt.
aequalis epanlih.

aestus hizza.
aeternus êuuîc. in aeternum in êuuîn, in êuun.
aether himil.
agere tuan.
agius uuîh.
agnoscere archennen.
agnus lamp.
ala feddhah.
albus nuiz.
altus hôh. ex alto fona hôhi. in altissimis in hôhinum.
amen uuâr.
anastasis urrist.
anima sêla.
animus muat.
angelus angil, poto, chundo.
ante fora.
antiquus entrisk.
anxius angustlih.
aperire intuan.
apostolus poto.
ara altari.
archangelus archangil.
arguere refsen.
arma uuâffan.
armare uuâffanen.
asper sarf.
ater suarz.
atque s. ac.
auctor ortfrumo.

auditor helfant.
aula chamara.
aurora tagarôd.
ausus katurstic.
auxilium helfa.
avaritia frecchi.
azyma derpaz.
baptismus tauffi.
baptizare tauffen.
baratrum hellacruapa.
beatus sâlîc.
bellum uuîc.
benedicere uuela quhedan, uuihen, kauuîhen.
bestia teor.
bibere trinchan.
bis zuiror.
blandus sleht.
bonum cuat.
bonus cuat.
brachium arm.
brevis churt.
cadere fallan.
caecus plint.
caelestis himilisc.
caelum himil.
caligo tunchali.
callidus fizus.
calor hizza.
candidatus kascônnôt.
candidus clîzzanti.
candor scôni.
canere singan.
cantare singan.
capere antfâhan.
captivare elilentôn.
carcer charchari.
caritas minna.
carmen sanc.
caro fleisc, lîhhamo.
carpere zogôn.
castitas kadigani.

castus kadigan.
casus fal.
catena chetinna.
catholicus allih.
cedere intlâzzan, heugen.
cena nahtmuas.
cernere sehan, kasehan.
certus kauuis.
cervix hals.
cherubin cerubyn.
chirographum luzzil kascrip.
chorus cart, samanunga; cartsanc, zilsanc.
christus christ.
cibus muas.
clamare harên.
clamor (h)ruaft.
clarus heitar.
claudere pilûchan.
clemens kanâdîc.
cogitare denchen.
comes kasind.
concinere saman singan.
concitus (h)radalîh.
concludere pilûchan.
conculcare katretan.
condere scaffôn.
conditor felabo, felahanto, scheffo, sceffant, sceffento.
conficere katuan.
confiteri jehan.
confringere (ka)prechan.
confundere kaskenten.
coniungere kafuagen, kamachôn.
conlaudare samant lobôn.
conligere kalesan.
conpendium kafuari.
conpetere kalimfan.
conrigere karihten.
conscientia uuizzautheit.
consentire kahengen.
conservare kahaltan.

consortium kamachadî.
constitutor kasezzanto.
consumere kaneozzan.
conterere mullen.
continere inthabên.
contubernium kimachida.
cor herzâ.
corona haubitpant.
corporeus lichamhaft.
corpus lichamo.
corpusculum lichamilo.
cotidie tagauuizzi.
crapula uuaragi.
creator scepfant, sceffento.
creatura kaskaft.
credere kalauben.
credulitas kalauba.
crepusculum dhemar.
crimen firina.
crudelis crimmi.
cruor trôr.
crux crûci.
culmen first.
culpa sunta.
cum mit; do, denne.
cuncti allê.
cura ruacha.
curare (h)reinnen.
currus reita.
cursus hlauft.
custodire kahaltan.
damnare unizzinôn.
dare keban.
David dauid.
de fona.
debilis lam.
debitor scolo.
debitum sculd.
debitus sculdic.
decere karîsan.
decipere pisuuîhhan.
declinare ka(h)nîgan.

E. Sievers, Murbacher hymnen.

defendere scirman, kascirman.
defensor scirmo, scirmanto.
deflere reozzan.
deitas cotchundî.
delere farcnîtan.
dens zan.
depellere fartrîban.
deprecari pitten.
descendere nidar stîgan.
deserere farlâzzan.
desiderare kakerôn.
desonare ka(h)lûtten.
detegere intdechen.
detinere pihabên.
deus cot.
devastare uuasten.
devincere ubarnuinnan, karichan.
devorare farslintan.
devotus kadeht.
dextera zesuuâ.
diabolus unholdâ.
dicere chuedan.
dies tac.
dignari kauuerdôn.
dignus uuirdic.
diligere minnôn.
diluculo frua in morgan.
diluere uuaskan.
dirigere rihten.
dirus crimmi.
discernere untarsceidan.
discipulus disco.
discutere arscutten.
distendere kadennen.
distribuere kateilen.
divinitas cotchundi.
divinus cotchund.
divitiae otmâli.
docere lôrren.
dolor suero.
dolus fizusheit.
dominus truhtin.

7

donare kepan.
dormire slâffan.
ducere leitten.
dulcis suazzi.
dum denne, unzi.
duodenus zuueliuinc.
durus starch.
dux leitid.
e, ex fona.
ebrietas trunchali.
ecclesia chirichâ, samanunga.
edere ezzan.
edere kaperan.
eius sîn.
enim kaunisso.
eos sie.
ergo auur.
erigere arrihten.
eripere arretten.
esse uuesan; nuerdan.
et inti.
eum inan.
evangelicus evangélisc.
excelsus hôh; de excelsis fona hôhinum.
excitare uuechen; aruucchen.
exercitus heri.
extinguere arlesken.
extollere arheffan.
exultare faginòn.
facere tuan.
facies antluzzi.
factum kitât.
fallax lucci.
fallere triugan.
familia hiuuiski.
fames hungar.
famulus scalch.
fastidium urgauuida.
fateri sprechan.
favere helfan.
ferre pringan, fuaren.
fervere stredan.

fessus muadi, armuait.
fieri uuerdan, uuesan.
fidelis kalaubic, triuhaft.
fides kalauba.
filius sun.
finis enti.
firmus festi.
flammeus laugin.
flatus plâst.
flectere piugan.
flere nuaffen.
fletus uuaft.
foedus uuiniscaf.
fons prunno.
forma kilîhnissa, pilidi.
formidare furahtan.
fortis starch.
fortiter starchlicho.
frangere arprechan.
fraus notnumft.
fretum keozzo.
frons endin.
fructus uuachar.
frustra aruun.
fulcire arspriuzzan.
fulgere scînan.
fulgidus peraht.
fundare kastuden.
fundere kakeozzan.
funus hrêo.
fuscare kasuerzen.
Galilea galilea, kauuimez.
gallus hano.
gaudere menden.
gaudium mendi.
gemere sûftòn, chueran.
gemitus uuaft.
gens chunni.
genu chniu.
genus chunni.
gerere tragan.
gestare tragan.

gloria tiurida.
glorificare katiurren.
gloriosus tiurlîh.
gradi kangan.
gradus staph.
grates dancha.
gratia anst.
gravis suâri.
gubernare stiurren.
gula kitagî.
gurges uuâk.
gustare chorôn.
habere oigan.
habitaculum kapûid.
hamus angul.
hereditas erbi.
hic desêr, der.
homo man.
honor êra.
hora uuila, stunta.
horrere leidlichên.
horridus egislîh.
horror egiso.
hostia zebar.
hostis fiant, heri.
humanus mannaschîn.
humectus fûhti.
humilis nidari, deodraft.
hymnus lop, lopsanc.
ibidem dare.
ictus uurf.
ignis fiur.
ignoscere pilâzzan.
ille er, der; ille qui der der.
imago manalicha, kalîhnissa.
in in.
incessabilis unbilibanlih.
incitare kaanazzen, kacruazzen.
incohare inkinnan.
increpare refsen.
inducere in kaleitten.
indulgentia antlâzzida.

inenarrabilis unrahhaft.
iners unfruat.
inferus hella.
infernus pech.
inferre ana pringan.
informare kascaffôn.
infundere in keozzan.
ingenitus ungaporan.
iniquitas unreht.
inlabi slîffan.
inlibatus unpauuollan.
inludere triugan.
inluminare leohtan, inleohtan, kaliuhten.
inmaculatus ungauuemmit.
inmensus ungamezzan, unmezzic.
inmobilis unka(h)ruaric.
inmolare kaslahtôn.
inperium kapot.
inpetus ann(h)lauft.
inpius kanâdilôs; adv. suntlicho.
inplicare in kifaldan.
inprobus unchûski.
inquam quedan.
inquinare un(h)reinnen.
inruere ana plesten.
insanus unheil.
insidiari lâgôn.
intonare donarôn.
intrare in cân.
investigator spurrento.
invictus unuparuuntan.
invidere apanstôn, katarôn.
invidus apanstîc.
ipse selp, er selbo.
ira kapuluht.
Israhel israhel, liut.
iste desêr, der.
iacere lickan.
iam giû.
ianua turi.
Iesus heilant, christ.
iubar heitarnissa.

7*

iubere kapeotan.
iubilare uuataren.
iudex suanari.
iugis simblîc.
iugiter amazzîgo, simbulum.
iungere kamachôn.
iussum kapot.
iustus rcht.
labi s. pislipfen.
labor arbeit.
lacdere katerran, katarôn.
laetari frauuôn, frôôn.
laetus frau, frô.
lampas leohtfaz, leohtchar.
lapis stein.
lascivus uuanchônti.
latere lûzzên.
latro diup.
laudabilis lophaft, loplîh.
laudare lobôn.
laus lop.
lavare uuasgan.
lex êuua.
liber fri.
liberare arlôsen.
ligare pintan.
lingua zungâ.
linquere farlâzzan.
locare kastatón.
lubricum sleffarî.
lubricus sleffar.
lucifer tagastern.
lues un(h)reinî.
lumen leoht.
luna mâno.
lux leoht.
luxus flusc.
magister magister.
magnus michil.
maiestas meginchraft.
manere uuesan.
manus hant.

marc meri.
martyr urchundo.
malesuadus upilo spano.
malum upil.
malus upil.
medicus lâchi.
medius mitti.
memento gihugi.
mens muat.
mercari archauffen.
merceri kafrêhtôn.
meridies mitti tac.
meritum frêht.
metus forhtâ.
micare scinan.
miles chneht, degan.
mirabilis uuntarlîh.
mirum uuntar.
miser uuênac.
misereri kanâdên?
misericordia kanâda?
mitescere kistillên.
mora tuâla.
mori arsterpan.
mors tôd.
mucro uuâffan.
mulier chuenâ.
multitudo managi.
mundare (h)reinnen.
mundus (h)reini.
mundus uueralt.
munerare lônôn.
munus lôn, keba, kift.
mutare mûzzôn.
mysterium karûni.
nam inu.
namque kauuisso.
natura kapurt.
natus chind.
nauta ferro.
ne ni, min.
nec noh.

negare laugenen.
nemo neoman.
nequaquam neonaltre.
nescire ni uuizzan.
nescius ni uuizzanti.
nex slahta.
nitere scînan.
nitor scîmo, scônî, cliz.
nobilis adallih.
nobis uns.
nocere terren.
nocturnus nahtlih.
nodus reisan.
nomen namo.
non ni.
nona niunta (h)uuila.
nos uuir, unsih.
noster unsar.
nostri unsar.
novus niuui.
nox naht.
nudare nachatôn.
nullus nihein.
numerus ruaua.
nunc nû.
o uuola.
observare picauman.
obstupere stobarôn.
obtundere kagan pliuuan.
obviam kagan, kagani.
occasus sedalcanc, sedal.
occupare pifâhan, pihabên.
occultus taugan.
occurrere kagan, inkagan (h)lauffan.
oculus augâ.
odoramentum stanch.
offerre offarôn.
omnipotens almahtic.
omnis al, eokalih, eokauuelih.
opes ôhti.
opus uuerah.
orare petôn, pittan.

orbis umbi(h)uurft.
ordo antreiti, antreitida.
ortus ûfganc.
ornare kascônnôn.
os mund.
osanna kahalt.
osculare chussan.
ostendere kaaugen.
otium firra.
ovis scâf.
pallere pleichên.
palma siginumft.
pandere spreitten, inlûchan.
panis prôt.
paraclitus trôst, pirnanto.
paradisus uunnigarto.
pascha ôstrûn.
paschalis ôstarlih.
passio drûunga.
pater fater.
patera chelih.
paternus faterlih.
pati dulten.
Paulus paul.
pavere furahtan.
paviscere erfurahtan.
pax fridu.
peccatum sunta.
pectus prust.
pendere hangên.
per duruh, ubar.
perdere farleosan.
perditus unkalaubic.
perennis simblic, êuuîc.
perfectus duruhnoht, duruhtân.
pergere faran.
perire farloran [uuesan].
permanere duruh uuesan.
perpetuus emazzîc; in perpetuum in êuun.
personare (h)lûtten.
pervertere pisturzen.

pervigil duruhuuachar.
pervigilare duruhuuachên.
pes fuaz.
Petrus peatar.
Pharao farao.
phosphorus tagastern.
pius kanâdic.
placere lichên.
planta solâ.
plasmare kasceffan, kascaffôn.
plausus slac.
plebs liut.
plenus fol.
poculum lid.
poena uuizzi.
poenitentia (h)riuua.
polluere kaunemmen.
polus himil.
pompa keili.
pontus sêo.
populus folch, liut.
portare tragan.
poscere fergôn, pittan.
posse magan
possidere pisizzan.
post after.
postmatutinus aftermorganlih.
potens mahtic, maganti.
potestas kanualtida.
potus lid.
praeclarus durubheitar.
praeco foraharo.
praedicare predigôn.
praedicere fora chuedau.
praedium êht.
praemium lôn.
praestare farlihan.
praeterire furi kangan.
praevius fora kânti.
pravus abah.
precari pittan.
pretiosus tiuri.

pretium uuerd.
primogenitus êristporan.
primordium frumiscaft.
primum êrist.
primus êristo.
princeps furisto.
pro pî.
probrosus ituuizlih, unchûski.
proclamare fora harên.
prodere meldên.
profecto kauuisso.
profectus fart.
proferre fram pringan.
profundus tiuf.
promissum kaheiz.
promptus funs.
pronuntiare fora chunden.
pronus framhald.
propere ilico.
propheta uuîzzago.
propheticus uuîzzaclih.
propter durah.
prosper prûchi.
prosternere nidar spreitten, strechen.
protegere scirmen.
provehere fram fuaren.
providus kauuar.
provocare cruazzen, kacruazzen.
proximus nâh.
psallere singan.
publicus (h)lûtmâri.
pudicitia kahaltani.
pudor kadigani.
pulsare chlochôn.
punire uuîzzinôn, slahan.
purus (h)lûttar, (h)reini.
quaerere suachen.
quaesumus pittamês.
quantocius sô horsco.
quaterni feor.
que joh.
quemadmodum diu mezu.

qui der; vgl. dû der, uuir dar.
quia danta.
quietus stilli.
quis (h)uuer.
quod daz.
quondam giû.
quoque auh.
radius scîmo, spcichâ.
radix uurzâ.
rector rihto.
reddere arkeban, keltan.
redemptio urchauf.
redemptor chauffo.
redimere archauffen.
redire (h)uuervan, arkepan uuesan.
reducere auur pringan.
referre auur pringan.
refulgere arskînan.
refundere (auur) kakeozzan.
regere rihten.
regia turî, portâ.
regnum rîchi.
regula sprattâ.
religare kapintan.
remanere piliban.
remittere farlâzzan.
remunerator lônari.
renasci itporan uuerdan.
repellere ferscurgan, uuidar scurgan.
replere arfullen.
reprimere kadûhen.
requies râuua.
res racha.
reserare intsperren.
respicere kasehan.
resurgere arstantan.
resuscitare aruuechen.
retundere uuidar pliuuan.
reus karasônti, sculdîc.
revectare auur tragan, uuidar fuaren.
reverti (h)uuervan.
rex chuninc.

rixa pâga.
rogare pittau.
ros tau.
roseus rôsfaro.
rota rad.
ruber rôt.
rursus auur.
rutilare lohazen.
sabaoth herro.
sacer uuîh, heilac.
sacrare heilagôn.
saevus sarf.
salus heili.
salvator heilant.
salvus kahaltan.
sancire heilagôn.
sanctus uuîh.
sanguis pluat.
sator sâio.
scandere chlimban.
scindere zerren.
se sih.
secretus taugan.
sectari folgên.
seculum uueralt.
secundare kaprûchen.
sed ûzzan.
sedere sizzan.
sedes sez.
sedulo amazzîgo.
segregare suntarôn.
semper simbulum.
sempiternus êuuîc, simblîc.
seni sehs.
senior hêriro.
sensus huct, inhuct.
sentire intfindan.
septies sibun stuntôn.
septimus sipunto.
serenare heitaren.
serenus heitar.
sermo uuort.

serpens nâtrâ.
servulus scalchilo.
servus scalch
sexies sehs stuntôm.
si ibu, ubi.
sic sô.
sicut eo sô.
sidus himilzeichan.
signare zeichanen.
signum zeichan.
Sileas sileas.
similis kalih.
simul saman.
simulare kalichisòn.
sinceritas (h)lûttrî.
sine âna.
sinere lâzzan.
singuli einluzzê.
sobrie urtruhtlicho, triulicho.
sobrietas urtruhtida.
sobrius urtruhti.
sol sunnâ.
sollicitus sorgénti.
solus eino.
solvere arlôseu, intpintan; keltan.
somniare insueppen.
somnolentus slâffilin.
somnus slâf.
sonare (h)lûtten.
sopitus slâfrac.
sopor slâf.
sperare uuânnen.
spernere farmanên.
spes uuân.
spiritus âtum, keist.
splendere scinan.
splendidus heitar, scôni.
splendor scîmo.
sponsus prûtigomo.
statuere kasezzen.
stella stern.
stola kauuâti.

stratum strô.
strenue snellicho.
strenuus kambar.
stultus tulisc.
sub untar.
subditus deodraft.
subdolus pisuuicchilîn.
sublimis hôh.
subrepere untar chresan, unter sliuffan.
subripere uutar chriffen.
subsistere untar uuesan.
substantia capurt.
subvenire helfan.
succedere folgôn.
sumere neozzan.
summus opanôntic, meisto.
super ubar.
superbia keili.
supplex ka(h)nigan, pittenti.
surgere arstautan.
suscipere intfâhan.
suscitare uuechen.
suspendium ûfhengida.
sustollere ûf purren.
suus sîn; *vgl.* irâ, irô.
syraphin syraphîn.
tandem (h)uuenneo.
tantus sô michil.
tartarus pch, hellauuîzzi.
te dih.
tegere dechen, pidechen.
templum halla.
temptatio chorunga.
tempus zit.
tenebrae finstrî.
tenebricare finstrên.
tenere habên, pihabên.
ter driror.
terminus marcha.
terni drisgê.
terra erda.
terror egiso.

tertius dritto.
testis urchundo.
thronus anasedal, anasidili.
tibi dir.
timor forhtâ.
tollere neman.
torridus karôstit.
tortor uuîzzinâri.
totus al.
tradere sellen.
trahere zeohan.
trames pfad.
transire duruh faran.
transitus ubarfart.
tremere pipên.
tribuere kepan.
trinitas driunissa.
trinus drisgi.
tristis cremizzi.
triumphalis siginumftilih.
triumphare ubarsigirôn, sigufaginôn.
trudere kapintan.
tu dû.
tumulus crap.
tunc denne, dô.
tundere pliuuan.
turpis unchûsgi.
tuus din.
typus pauchan.
tyrannus des palouues uuarc.
ullus einîc.
ululare uuaffan.
umbra scato.
ungula chlâuua.
unicus einac.
unigenitus cinporan.
universus al.
unquam eonaltre.
unus ein.
urgere peitten.
usque in unzi in.
ut daz; eo sô.
uterus (h)ref.
vagus irri.
vastator uuastio.
vel erdu.
velum lachan.

venenum eitar.
venerandus êrhaft.
venerari uuirden, êrên.
venire chueman.
venter uuamba.
venturus chumftic.
verbum uuort.
vere uuâro.
vero auur.
vertex sceitilâ.
verus uuâr, uuârhaft.
vesper âband, âbandstern.
vestigium spor.
vestimentum kauuâti.
veternus alt.
vexillum siginumft.
via uuec.
viare uuegôn.
vicem kaganlôn.
victima frisginc.
victor sigouualto, sigesnemo.
victoria kauuirih.
videre sehan, kasehan.
vigil uuachar.
vigilare uuachên.
vigor uuahsamo.
vincere karichan.
vincire kapintan.
vinculum pant.
vinum uuîn.
virgo magad.
virtus chraft.
vis nôt; vires chreftî.
viscera innôdi.
visus kasiuni.
vita lip.
vitare mîdan.
vitium âchust.
vivere lepên.
vocare namôn.
voluntas uuillo.
volvere kiuualdan, uuellan.
votum antheizzâ.
vox stimma, stimmi.
vulnus uuntâ.
vultus antlutti, antluzzi.

Nachträge und Berichtigungen.

S. 4 anm. 2. Aus Wattenbach's Geschichtsqu. Deutschl. II³, 369 ersehe ich, dass das Murbacher handschriftenverzeichnis doch in Genf existiert und schon bei J. Senebier, Catal. de Genève (Genf 1779) s. 77 zum teil gedruckt ist (daher die bezeichnung der hs. bei Pertz, Archiv VII, 257). Etwas wesentliches ergibt sich auch aus dem hier mitgeteilten nicht, nur erfahren wir, dass auch das Genfer ms. am schluss die worte trägt: Legentes orent pro Bartholomeo de Andolo abbate Morbacensi, qui hunc et alios plures comparauit et renouauit anno MCCCLVIII. Hierzu bemerkt Senebier: 'j'ai appris que presque tous les mss. de cette Abbaye portoient le nom de ce De Andolo, Maître ès Arts dans l'Université de Heidelberg, où il avoit étudié le Droit Canon.' Bartholomeus von Andolo (jetzt Andlau im Niederelsass, bei Barr) erscheint vom jahre 1450 ab bei Schöpflin, Alsatia dipl. II, 385 ff. häufig als abt von Murbach.

S. 11, 11 v. u. sind noch anzuführen *kahaltini* 18, 3, 1, *uuenege* 19, 2, 1, *ungaporono* 8, 10, 1, desgl. s. 12, 16 *chrẹse* 15, 4, 1, z. 20 *sarfẹ* 3, 4, 3. S. 13, 16 ff. Zu den beispielen aus der Benediktinerregel kommen nach E. Steinmeyer's collation (Zs. f. d. a. XVII, 439) noch *notduruftti* 83, 1. *durufttigot* 83, 20; aus den gl. K. *rihttitha* 157, 1. *zuhtte* 196, 23. Alts. noch *Heribrahtti*, *Fresbrahtteshem*, Heinzel, Niederfrk. Geschäftsspr. 22; ags. *pihttisc* Chron. Sax. in den Monn. hist. brit. I, 291. Besonders häufig, ja fast zur regel geworden sind diese *htt* in der Germ. XVIII, 186 ff. gedruckten mhd. Franciscanerregel: *wihennahtten* 189, 11. 16. 31; *bihtte* 189, 28. *bihtten* 189, 30. 32. *andehtteclichen* 189, 32. *rehtter* 190, 17. 192, 8. *rihttunge* 190, 27. *rehtte* 190, 34. *betrahtten* 191, 12. S. 15, 10 v. u. füge hinzu *bist* 2, 5, 1. 2. 6, 2, 2; s. 19, 10 ff. *unreth* 8, 4, 3, *forachtvn* 20, 5, 3, *dich* 4, 4, 1; s. 25, 3 v. u. *fientes* 24, 9, 1; s. 72, 17 *sacratum*.

S. 14, 3 lies *luzzilemu*; 16, 18 *zuuelinuinga*; 18, 19 *uuirdih* 21, 5, 1; 19, 10 *trutinan* 7, 4, 2. S. 22, 6 ist wol *unheilara* zu streichen und dasselbe dafür s. 24 unten mit aufzuführen; wahrscheinlich ist das wort nicht mit Graff IV, 871 als nom. pl. zu *unheilari* aufzufassen, sondern der übersetzer zog *insani* als gen. sg. zum folgenden *manus*. S. 24, 3 ist *luzzilemo* zu streichen, statt dessen ist auf einige abweichende formen von *dër*, *dësêr* im index zu verweisen. S. 47, 4 lies *sigouualto*. S. 62 überschr. *anahlauft*, s. 74, 2. 8 *ituuizlih*.

Halle, Buchdruckerei des Waisenhauses.

www.ingramcontent.com/pod-product-compliance
Lightning Source LLC
Chambersburg PA
CBHW020141170426
43199CB00010B/839